LES
DISCOVRS
MILITAIRES,
Dediés
A sa Maiesté,
Par le
S. du Praissac.

M.DC.XV.

A PARIS,
Chez la veuf. Matth.
Guillemot: Et Samuel
Thiboust, au Palais en
la gall. des prisoniers.

Auec priuilege du Roy.   L. Gaultier Sculp.

LES
DISCOVRS
MILITAIRES,

Dediez à sa Majesté,

Par le Sr du PRAISSAC.

DERNIERE EDITION.

Reueuë, corrigée, & augmentée par l'Autheur.

A PARIS,

Chez la Vefue M. GVILLEMOT, & S. THIBOVST,
au Palais, en la gallerie des prifonniers.

M. D. C. XIIII.

AVEC PRIVILEGE DV ROY.

AV ROY.

SIRE,

La naturelle & incomparable douceur de vostre Majesté, qui reçoit les humbles offres de ses subjects comme l'Océan ses riuieres, aussi fauorablement les moindres que les plus grãdes, m'a donné occasion de vous consacrer ce Discours Militaire, qui traicte briefuement le plus releué, le plus hasardeux, & le plus difficile subject du monde, le mestier des Nobles, la pratique des Courageux & l'exercice des Princes & des Roys: Mestier, auquel pour acquerir de la gloire il conuient faire ensemblement

ã ij

la maiſtriſe & l'apprentiſſage: car il faut vaincre en apprenant, & apprendre en vainquant. Ce Diſcours contient ce que les plus experimentez maiſtres du paſſé nous recitent ſur ce ſubject, & ce qu'en ce temps i'ay oüy dire & veu pratiquer aux plus braues güerriers que ce ſiecle ayt produicts, & parmy les plus belliqueuſes nations du monde: qui eſt vne bonne caution pour la certitude de ce Diſcours, mais non pas ſi ſuffiſante que celle que l'experience apportera à voſtre Majeſté en le pratiquant. Et faſſe le Ciel qu'elle y excelle de telle ſorte que les plus genereux guerriers ne vueillent rechercher dans les Hiſtoires autres exemples que ceux de vos valeureux exploicts.

Le subject du Liure.

LE subiect de ce liure, c'est le mestier de la guerre, il a deux principalles parties, l'appareil & l'action.

L'appareil se doit faire d'hommes, d'argent, d'instrumens, & de viures.

L'action se faict en la campagne, ou aux forteresses.

Celle qui se faict en la campaigne, considere le marcher, le loger, & le combatire de l'armée.

Et celle des forteresses, considere leur fabrique, garde, prise, deffence, & secours.

Ces chefs generaux ont des dependences particulieres qui sont les communes prattiques qu'on obserue iournellement, comme les exemples, les figures, & les chapitres suiuans enseignent.

TABLE DES CHAPITRES.

Sommaires.

L'Imprimeur au Lecteur.

EN ceſte ſeconde edition ont eſté adjouſtées les Queſtions Militaires, l'Encyclie, & quelques Epiſtres de l'Autheur de ce Liure, que i'ay ramaſſées de diuers lieux, & pource que les coppies auoient eſté faites par des gens qui ignoroient ce qu'ils eſcriuoient, ie ne doute pas qu'il n'y ait beaucoup de fautes, leſquelles ſeront faciles comme ie croy à ſuppleer par ceux qui entendront les ſubiects dont l'Autheur parle, tels qu'ils ſont ie te les offre, adieu.

COMME

COMME VN PRINCE
SE DOIT PREPARER
pour faire la guerre, dreſſer vne
armée, & la faire marcher.

CHAPITRE I.

N Prince s'eſtant reſolu à faire la
guerre, ſoit pour attaquer, ou pour
ſe deffendre, fera tel appareil d'hommes, d'inſtrumens, d'argent, & de viures, qu'il cognoiſtra eſtre neceſſaire pour ſon
entrepriſe.

Faiſant l'appareil d'hommes, il en choiſira de
conſeil, de commandement, & de ſoldadeſque.
Pour ſes conſeils, de tels que l'aage, la prudence,
l'experience & l'eſtude, rendent capables de ces
charges. Pour auoir commandement en ſes armées, il eſlira des hommes d'authorité, de reſpect,
prudens, experimentez, & bien fortunez; ayant
chacun en ſa charge fait telle preuue de ſon courage, de ſa ſuffiſance, & de ſon bon heur, qu'il ſoit
apparent à tous, choiſiſſant ceux qui ſont nez auec
le courage, & habituez en tous les exercices de la
guerre, comme à manier toutes ſortes d'armes,
ſçauoir toutes ſortes de mouuemens militaires,

A

former toutes fortes de bataillons ; ranger des armées en bataille, les faire marcher, loger, & combattre, dreffer des fortifications, forcer & garder
les places, conduire les tranchées, affeoir les batteries, bref qu'ils fçachent toutes les fonctions de
la guerre.

Pour les foldats foit à pied ou à cheual, ils doiuent eftre elleuz & choifis forts, robuftes, & de
bon aage, leur donnant des armes telles qu'on
cognoift leur eftre propres, les difciplinant. Pour
la police, à ce qu'ils foient continens au viure, au
ieu, & aux femmes, & modeftes en paroles, en ha-
bits, & en toutes autres actions. Pour la milice, les
inftruifant aux manimens & exercices de l'efpée,
du moufquet, & de la picque; à fe loger, retrácher
& hutter, à fe tenir en ordre, & faire tels mouuemens qu'il eft neceffaire pour former ou diuifer
promptement tels bataillons que l'on voudra.

Les Capitaines, Lieutenans, & Enfeignes, doiuent eftre fort foigneux de difcipliner les foldats.

Voicy quelle eft la difcipline militaire des gens
de pied, les harquebufiers doiuent porter, charger & tirer leurs harquebufes tous d'vne mefme
façon, foit pour entrer en garde, faire la monftre,
aller à la charge, ou faire la retraicte : à tirer feuls,
ou par files, ou par rangs, ou en faluë. Les mouf-
quetaires doiuent auoir la mefme inftruction, &
fçauoir de plus la façon de porter la fourchette,
& de s'en feruir; & les picquiers comme ils porteront leurs picques, de biais, plattes, hautes, trai-
nantes, & à les prefenter en auant & en arriere; &

à tous les soldats comme ils doiuent porter l'efpée, se tenir en rang, & en file, prendre leurs di-
stances, tant pour la monstre, que pour le combat : à faire les mouuëmens, à droict, à gauche, &
par demy tour, à doubler, ouurir, serrer & remet-
tres les files & les rangs ; à faire la contre-marche,
& les conuersions. Voyez le chapitre 16.

A. *Arquebusier en posture.*
B. *Arquebusier qui tire.*
C. *Mousquetaire en posture.*
D. *Mousquetaire qui tire.*
E. *Picque plantée.*
F. *Picque haute.*
G. *Picque platte.*
H. *Picque de biays.*
I. *Presenter la picque en auant.*
K. *Picque trainante.*
L. *Presenter la picque contre la Caualerie.*
M. *Presenter la picque en arriere.*

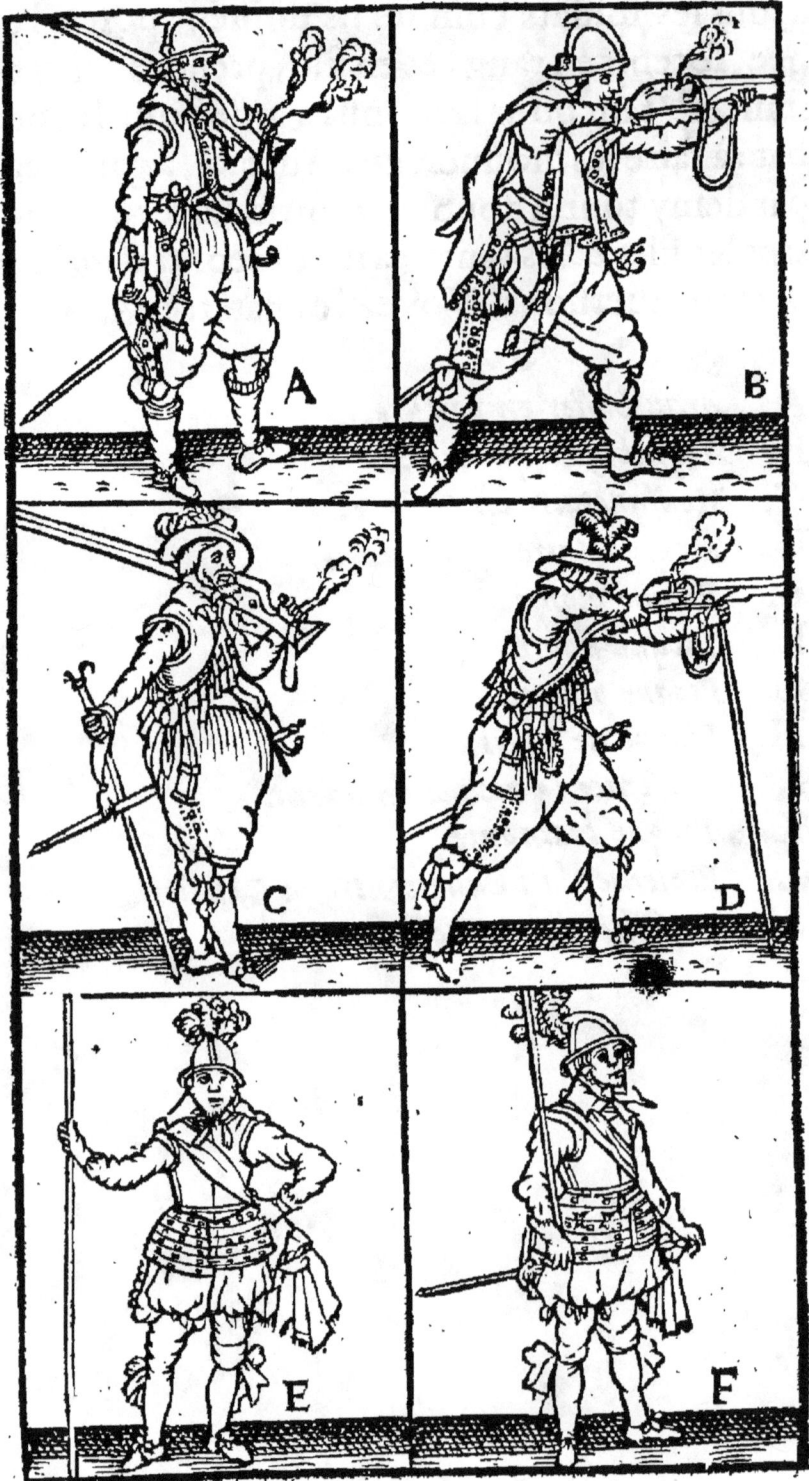

A

B

C

D

E

F

G

H

I

K

L

M

Quant à la Cauallerie elle doit estre instruite à manier les cheuaux & les armes, leurs cheuaux à droict, a gauche, à partir, parer, & reculer : pour leurs armes, ils doiuent sçauoir bien proprement endosser & habiller les deffensiues, & s'aider des deffensiues, comme charger & tirer les carabines & pistolets, & trouuer les defauts des armes auec leurs espées.

Vne compagnie de Caualerie faisant monstre marche trois à trois. Mais pour se mettre en bataille elle se doit ranger en telle sorte que pour chasque trois de rang il y en ait vn en file, partant vne compagnie de cent & huict cheuaux aura dix-huict files & six rangs.

La distance des rangs doit estre tant pour la longueur du cheual que des espaces entre iceux de six pas & des files vn.

Pour faire de plusieurs bataillons vn gros, il faut ranger les compagnies en autât de rangs que l'on veut que le flanc du bataillon aye de cheuaux & puis ioindre les compagnies flanc à flanc.

L'appareil des instrumés de guerre est principalement d'armes & de cheuaux : des armes, des offensiues & des deffensiues. Des offensiues, cóme d'Artillerie, Mousquets, Arquebuses, Carabines, Pistolets, Picques, Alebardes, Pertuisannes, Espieux. Des deffensiues, cóme Heaumes, Casques, Morions, Haissecols, Cuirasses, Brassarts, Corselets, Tassetes, Targes, &c. & des cheuaux en grand nombre, pour le charroy de l'artillerie, de ses munitions, & pour l'attirail des viures.

L'appareil de l'argent eſt d'en faire amas de longue main le plus abondamment que l'on peut, le
conſeruant diligemment ſans l'employer à choſes vaines ou inutiles, & le diſtribuant ſelon que
l'on cognoiſt eſtre neceſſaire, ne l'eſpargnant nul-
lement aux neceſſitez.

L'appareil des viures giſt en l'amas, & en la con-
ſeruation, & ſa durée en la diſtribution.

Ayant faict tous ces appareils & remply les magaſins, il faut choiſir vne ville pour faire l'eſtape
des munitions, pour dreſſer l'attirail de l'artillerie,
& pour y faire la monſtre de l'armée, tant de l'Infanterie, de la Caualerie, que de l'artillerie; & ranger en ce lieu l'armée en bataille, de meſme que ſi
en ce iour on deuoit combattre l'ennemy.

La façon de ranger l'armée en bataille eſt ſelon ce que le General a intention d'executer,
comme d'aller conqueſter vn païs, ſecourir vne
place aſſiegée, donner vne bataille, paſſer au trauers d'vn païs ennemy, ou faire vne retraite.

S'il a intention de conqueſter vn païs, il doit
ſçauoir l'eſtat d'iceluy, comme, s'il eſt bien peuplé
ou non, ſi on luy pourroit oppoſer vne ou pluſieurs armées, & quelles, ſçauoir ſes alliançes, & le
moyen de les rompre, ou au moins de les empeſcher de ſe ioindre s'il ſe peut, ſçauoir les paſſages,
les entrées, les yſſuës, les bois, les montaignes, les
deſtroicts, les ports, les quays, les ponts, les ha-
ures, l'aſſiette des villes & lieux forts, leurs garni-
ſons & leurs munitions. Il doit eſtre inſtruict de la
fertilité du païs, pour faire porter des viures s'il eſt

sterile, ou descharger son armée de cet attirail s'il est abondant. Il doit auoir le plan du païs en vne carte generale, & en plusieurs particulieres pour sçauoir la situation & distance des lieux, cognoistre si le païs est plain & vny, ou au contraire, & iuger par là capacité du lieu, quel front il pourra donner à son armée.

S'il a dessein de secourir vne place assiegée & ietter du secours dedans, & pour ce faire veut enleuer & forcer vn quartier, il n'estendra pas beaucoup les aisles de son armée, mais se tiendra serré & renforcé, comme fit le Comte Maurice, quand il secourut Coorden contre l'armée du Roy d'Espaigne conduitte par Verdougo: & le Marquis de Spinola, quand il alla secourir Grol.

L'armée du Marquis de Spinola quand il alla
ſecourir Grol.

S'il a intention de liurer la bataille à son ennemy l'occasion s'en presentant, & que le païs y soit
propre, il estendra le front de son armée le plus
qu'il pourra (toutesfois non pas tant qu'elle ne
soit assez forte en sa hauteur pour soustenir l'effort de l'ennemy, ayant son auant-garde, bataille
& arriere-garde suffisamment espaisse) pour s'empescher d'estre pris par les flancs ; & afin que tout
le monde combatte, qui est l'vne des plus impor-
tantes considerations , & tascher de l'enclorre
dans vn croissant afin de frapper par le front, par
les flancs, & par le dos, si l'on peut, comme fit Ga-
ston de Fois à Rauenne contre Raymond de Car-
donne, & le Prince Maurice à Nieuport, & aussi
lors qu'il trauersa la pleine de Iulliers.

*L'Armée du Prince Maurice quand il alla assieger Iul-
liers, rangée en bataille en deux façons : la premiere quand les Picquiers & les Mousquetaires estoient
ensemble, & l'autre quand ils estoient separez.*

*Les carrez noirs representent les esquadrons de la
Caualerie, & les blancs les bataillons de l'Infanterie.*

Le front de la bataille.

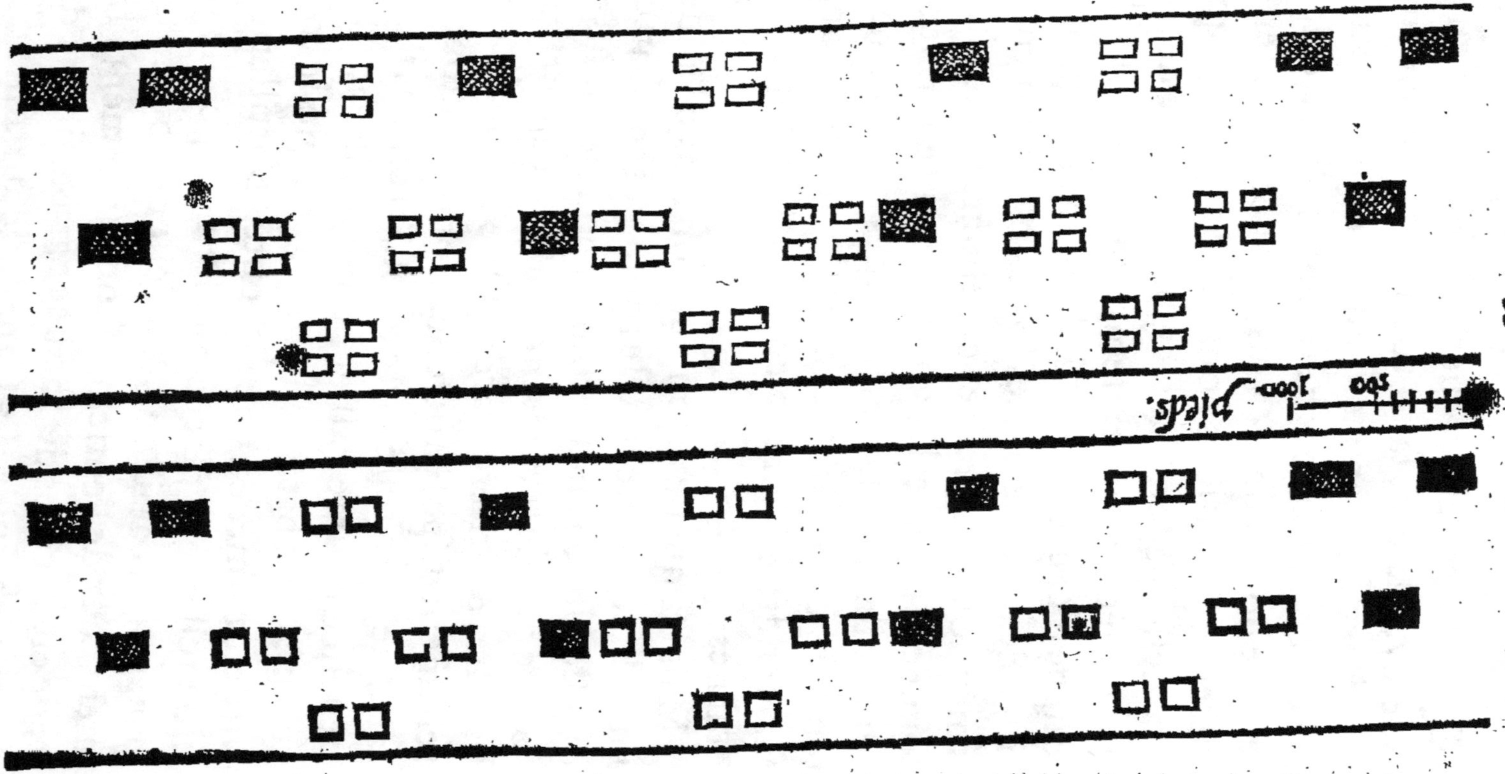

Que s'il veut faire trauerser à son armée vn païs
ennemy, il la doit faire tousiours loger en corps,
& camper fans iamais defunir aucune partie, &
marcher en bataille, cherchans les lieux defcou-
uerts de bois, plains & vnis, la loger feurement, &
porter fes munitions pour autant de temps qu'elle tardera à paffer. Car il eft bien difficile de paffer
vne armée en païs ennemy, mefmement s'il eft
couppé d'eau, couuert de bois, montaigneux, ou
s'il y a des lieux & places fortes, & vne mediocre
armée pour fe deffédre : car elle arcelle tousiours,
couppe le paffage des viures, retarde l'armée, in-
commodant tousiours les flancs ou la queuë, at-
tend fes commoditez, cherche les occafions de
furprendre, & dreffe continuellement des em-
bufches.

Mais en quelle façon que l'on range l'armée, il
faut obferuer que tous les hommes combattét, &
qu'elle puiffe rendre combat pour le moins trois
fois, ce qu'elle fera eftant diuifée en auant-garde,
bataille, & arriere-garde. Que la Cauallerie foit
tellement difpofée qu'elle feconde tousiours l'Infanterie, & en telle forte qu'eftás rompus ils trouuent lieu pour fe r'allier à couuert, n'ayant derriere eux aucun bataillon proche pour ne le rompre
ou defordóner en vne deffoute. L'artillerie doit
eftre tellement placée qu'elle n'empefche pas le
paffage des bataillons, & qu'elle deffcouure facilement ceux de l'ennemy. Communement l'Infanterie eft au corps de l'armée par bataillons difpofée en efchiquier. La Cauallerie aux aifles d'icelle

en escadrons, & l'artillerie, selon la commodité du lieu, au front de l'armée, ou aux flancs des bataillons.

L'armée ayant faict monstre au lieu du rendez-vous on la faict partir de là & marcher en bataille rangée iusqu'au lieu où elle doit loger ce soir, si le païs le permet, afin de luy apprendre comme elle doit marcher en bataille, que si elle ne peut pour l'aspreté du païs, il faut faire plusieurs chemins par les Pionniers, remplissant les fossez, rompant les hayes & construisant des ponts de basteaux ou autres sur les riuieres & ruisseaux.

Au chemin du milieu passeront l'artillerie, munitions, & bagage, à leurs aisles vne partie de l'Infanterie marchant en file de trois en trois, ou de cinq en cinq : aux aisles de ceste Infanterie quelques Carabins, les deux tiers d'hommes d'armes seront en deux esquadrons à la teste de l'armée, & l'autre tiers sera en pareille disposition à la queuë : les Cheuaux legers marcheront deuant les hommes d'armes au deuant de toute l'armée auec les Carabins & Arquebusiers à cheual, hors-mis quelques vns qui seront à la queuë : l'Infanterie doit marcher au chemin du milieu, tenant la forme de bataillons doubles, le plus qu'elle pourra, diuisée en auant garde, bataille, & arriere-garde : cecy s'esclaircira par la forme que le Marquis de Spinola tint quand il trauersa la Frise pour aller assieger Linguen.

L'armée du Marquis de Spinola lors qu'il trauersa
la Frise pour aller assieger Linguen.
Front de l'armée.

Si l'ennemy est proche du logis où l'armée arriue, le Mareschal de camp ayant choisi vn lieu propre pour le champ de bataille, ordonné l'assiette de l'artillerie, desparty les quartiers & places des Regimens, & des munitions, fera retrancher son camp tout autour, selon l'art de la fortification ; à ceste fin il taschera de se loger de bonne heure, pour auoir le temps de faire les retranchemens du camp, despartir les quartiers, poser les gardes, enuoyer au fourrage, faire faire les huttes, descouurir les actions de l'ennemy, & obuier à mil inconueniens que la nuict apporte, disposant le tout selon le lieu & selon le temps.

Du loger de l'Armée.

CHAPITRE II.

LE logement de l'armée se faict en campaigne ou en village ; en campaigne quand l'on est proche de l'ennemy : lors il se faut loger en bataille comme si d'heure à autre on auoit à combattre.

On loge aussi en campagne lors qu'on faict quelque siege, ou que la peste contraint à fuïr le couuert, ou que le païs est desert d'habitations.

On loge aux villages quand l'ennemy est essloigné tant qu'on puisse auoir le temps de se mettre en bataille en la place d'armes auant qu'il puisse arriuer sur les bras.

Soit qu'on loge en campagne ou aux villages, il le faut faire commodément & asseurément.

Il sera commode, quand on aura abondance d'eau, de bois, de fourrage, & capacité de lieu conuenable pour loger toute l'armée, & faire la place d'armes.

Il sera asseuré, si c'est en campagne, fortifiant le logement tout autour, le faisant bien garder par de bons corps de gardes & sentinelles au dedans, & de sentinelles perduës au dehors, ayant des redoutes autour si l'ennemy est à craindre & s'il est proche. Voyez le camp du Comte Maurice deuãt Gertrudemberg & deuant la ville de Graue , & celuy du Marquis de Spinola deuant Rymberg.

Il sera asseuré au village quand la place d'armes sera en front de l'ennemy, eminente & commandant autour d'elle, capable pour mettre toute l'armée en bataille, fortifiée d'art & de nature, commode pour les entrées & sorties sans confusion des trouppes, qu'elle ne puisse estre assaillie sans grand desauantage de l'ennemy, proche de ses quartiers, bien deffenduë de l'artillerie, & bien gardée de corps de gardes, tant d'Infanterie que de Caualerie.

Quant aux quartiers, ils doiuent estre difficiles à forcer & à assaillir au moins à l'impourueu, faciles à estre secourus , & partant proches, fortifiez, retranchez, & bien gardez.

Tout ce donc qu'il faut considerer au logement d'vne armée qui veut seiourner & camper long-temps (car pour vne nuict on n'a esgard qu'à
chercher

chercher les lieux aduātageux & forts de nature,
ou se coůurir de chariots, ou de pieces de ferme-
ture de camp) eſt la commodité de ſix choſes,
à ſçauoir de viures, de l'eau, du fourrage, du bois,
de l'aſſiette, & de la ceinture du camp. Ayant eſgard à la ſeureté des viures & munitions en ne
s'eſloignant pas trop & ne laiſſant aucune ville
ennemie aux aiſles qui leur peut coupper & empeſcher le cours, cherchant la commodité des riuieres pour ſe ſeruir de l'eau à boire, à charier, &
aſſeurer l'vn des coſtez du camp, il eſt impoſſible
de s'en paſſer, meſmement des bonnes ; partant
l'on doit fuïr les lieux eminents & les vallées, l'vn
pour le deffaut d'icelles & l'autre pour leur mau-
uaiſtié, & auſſi pour l'incommodité des boûes, &
pour le meſchant air qu'elles cauſent eſtâts cruës
& acroupies. Il faut auoir eſgard à l'abondance,
commodité & ſeureté, d'auoir des fourrages, car
il s'en fait vn degaſt incroyable par la Cauallerie,
outre qu'il en faut beaucoup pour couurir & coucher les ſoldats. Auoir beaucoup de bois pour les
feux des corps des gardes, & pour faire les huttes.
Il faut prendre garde que le lieu où l'on veut aſſeoir ſon camp, ſoin plein, vny & ſablonneux (ſi
on le peut trouuer) loin de tout commandemēt,
ou s'il y en a il s'en faut ſaiſir & l'enfermer dans le
retranchemēt pour deſcouurir & commander la
cāpagne. Et s'il y a quelque bois proche il en faut
eſlongner le retranchement, laiſſant vne place
entre deux qui ait au moins cēt pas de large, pour
obuier aux embuſches que l'ennemy pourroit

B

dreſſer dans iceluy. La forme de la ceinture
du camp eſt ordinairement quarrée, & les coſtez
d'icelle doiuent eſtre en tenailles & redents, pour
ſe deffendre l'vn par l'autre, & diſpoſez en ſorte
qu'en tirant de nuict ceux du camp ne puiſſent
pas s'offencer l'vn l'autre, les faiſans plus ou
moins forts que plus ou moins l'on craint ſon ennemy.

Quant aux choſes particulieres qui concernent
le deſpartement des logis dans l'enclos du camp,
il s'y faut gouuerner en ceſte façon.

Le retranchement doit eſtre large de deux toiſes, profond d'vne, & ſon parapet haut de cinq
pieds. Tout autour du retranchement on doit
laiſſer vn eſpace large de quarante à quarante
cinq toiſes qu'on appelle la place d'armes qui
doit eſtre capable de contenir toute l'armée en
bataille. Apres ſuiuent les quartiers qui ſont larges de trois cens pieds, leſquels doiuent eſtre departis pour faire les logis en ceſte ſorte.

Pour vne compagnie de deux cens hommes de
pied, il faut cinquante ſix pieds de front & deux
cens de profond, pour faire quatre rags de huttes
chacun rang de vingt-cinq, entre leſquelles doiuent eſtre trois ruës de huict pieds de large. Chaque hutte a huict pieds en quarré pour loger
deux ſoldats, les portes d'icelles reſpondent toutes ſur deux ruës, & ſont vis à vis l'vne de l'autre.

Logis d'vne compagnie de gens de pied.

A B. *Le front d'vne compagnie, il est de quatre huttes.*
A C. *Sa hauteur qui est de vingt-cinq huttes.*
D. *Les ruës entre les huttes.*

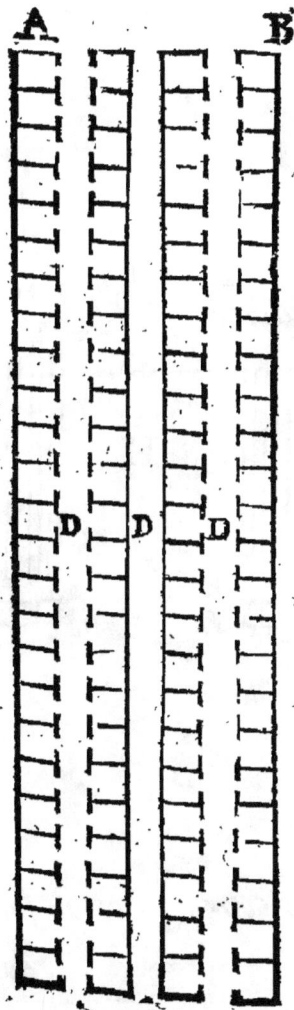

Au deuant des compagnies sont les logis des Capitaines chacun à la teste de la sienne, occupant en longueur tout le front de la compagnie & vingt-cinq pieds en largeur. Ces logis sont separez des compagnies par vne ruë large de trente-cinq pieds, laquelle sert à poser les armes, corps de gardes, & drapeaux. A la queuë des compagnies sont les logis des viuandiers, ayans vingt pieds de large separez des cõpagnies par vne ruë qui a aussi vingt pieds.

Les compagnies sont separées l'vne de l'autre d'vne ruë large de huict pieds.

Au milieu du regiment, il faut vne place large de quatre-vingts pieds au deuant de laquelle doit estre logé le

Maiſtre de camp, & au dedans d'icelle ſeront les logis du Sergent Major, Preuoſt, & de tous les Officiers du regiment, l'eſpace d'vn regiment à l'autre doit eſtre de deux à trois cens pieds.

Logis d'vn regiment de ſix compagnies
de gens de pied.

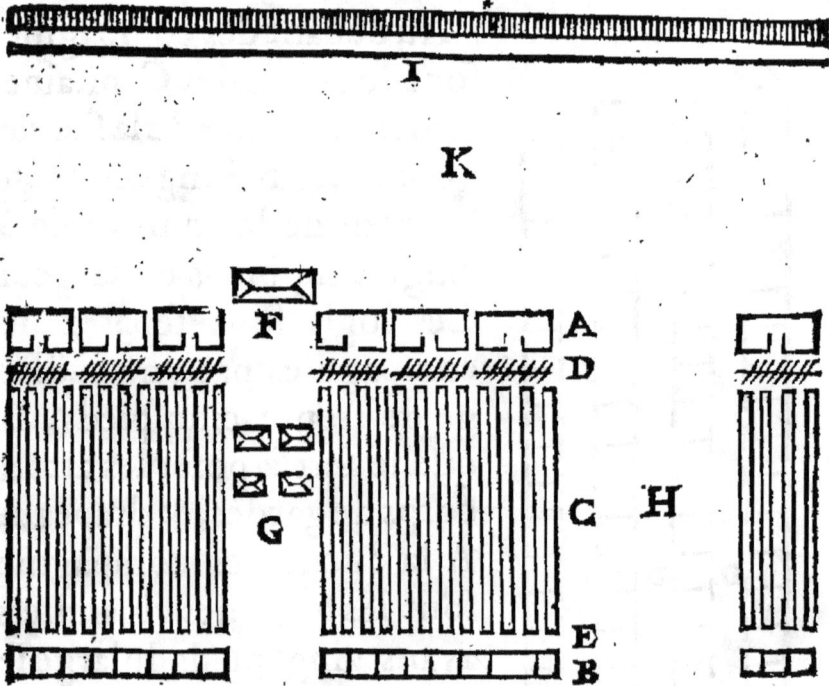

I.   *Le retranchement du camp.*

K.   *La place d'armes.*

A B *La largeur du cartier.*

A.   *Les logis des Capitaines.*

D.   *Les ruës d'entr'eux & leurs compagnies où ſont*
      les picques.

C.   *Les compagnies.*

B.   *Les vivandiers.*

E.   La raë entre les compagnies & viuandiers.
G.   Vne place au milieu du regiment.
F.   Le logis du Maiftre de camp.
H.   Vne place entre les regiments.

Quand l'Infanterie campe feule fans la Cauallerie, elle eft difpofée felon que monftre la
figure fuiuante.

Logis de l'Infanterie fur le bord
d'vne riuiere.

B iij

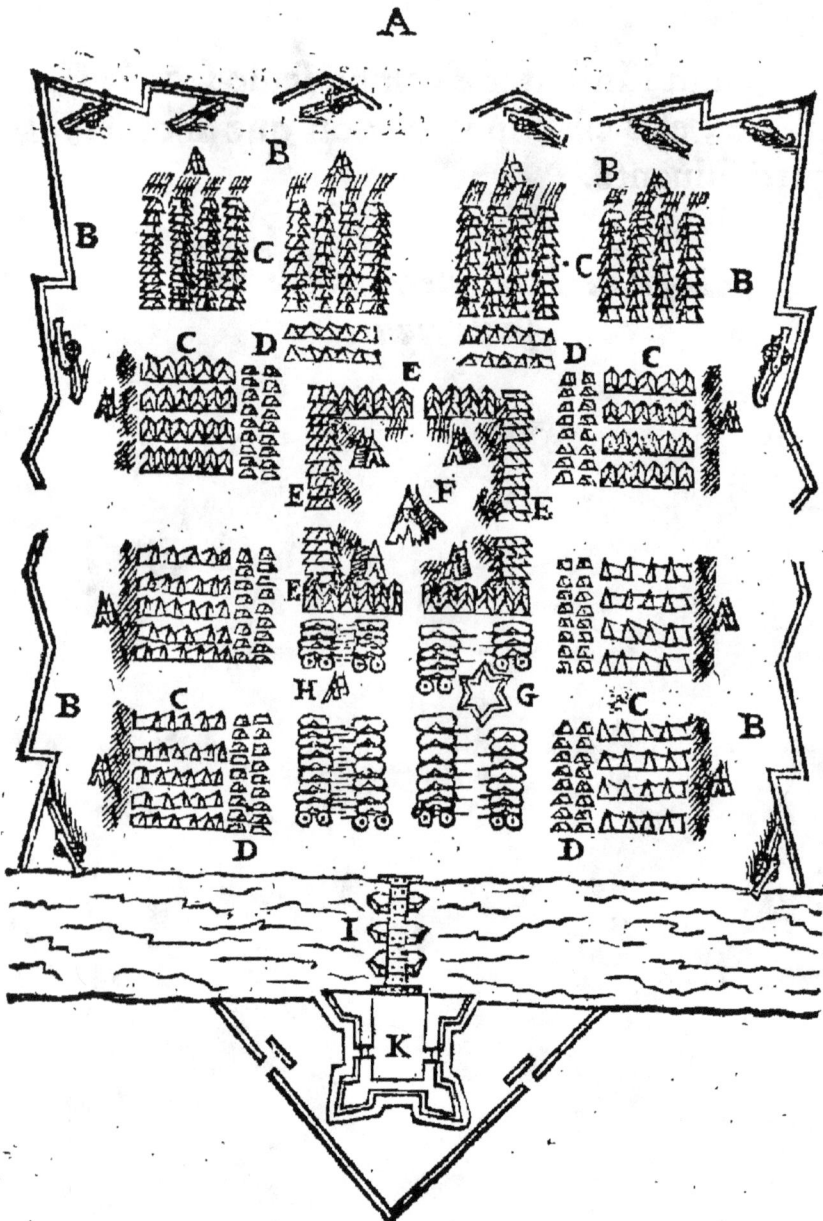

A. Le champ de bataille.
B. La place d'armes.
C. Les huttes aux quartiers.
D. Les viuandiers.
E. Les gardes du General.
F. Le logis du General.
G. Le logis des poudres & de l'attirail de l'artillerie.
H. Le charroy des viures.
I. Vn pont de batteaux.
K. Vn fort pour garder le pont.

Si la Cauallerie campe parmy l'Infanterie on la doit loger en ceste façon; à vne compagnie de cens cheuaux on donnera soixante & dix pieds de front & deux cens de hauteur, à deux gens-d'armes huict pieds de large & douze de long: pour faire vne hutte, les cheuaux occupent chacun quatre pieds de large & dix de long, les hommes sont tous logez en deux rangs & les cheuaux aussi. Entre les huttes & les escueries, il y a vne ruë large de huict pieds. Les cheuaux tournent leur teste vers les huttes de leurs maistres. La ruë entre les escueries a dix pieds de large pour la sortie des cheuaux.

Logis d'vne compagnie de cens cheuaux.

A B. *Le front d'vne compagnie.*
A C. *Sa hauteur.*
A C. & B D. *Sont les huttes des gensd'armes vingt-cinq en chaque rang.*
E F. & G H. *Sont les deux escueries pour cinquante*

B iiij

chenaux chacune.

K. Eſt la ruë entre les eſcuries.

I. I. Sont les ruës qui ſont entre les huttes & les eſcuries.

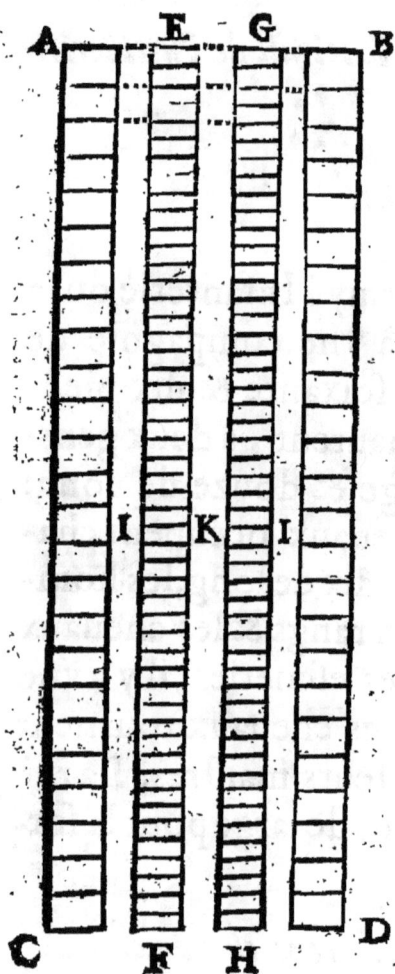

Les logis des Capitaines ſont à la teſte des cõpagnies chacun de la ſiéne, occupât pour ſa longueur tout le front de ſa compagnie, & pour ſa largeur quarante pieds, entre ces logis & les cõpagnies il y a vne ruë de vingt pieds de large. Au derriere des compagnies ſont les logis des viuandiers de vingt pieds de large ſeparez des compagnies par vne ruë qui a auſſi vingt pieds de large. La diſtance d'vne compagnie à l'autre eſt de vingt pieds.

Logis d'vn regiment de cinq compagnies de Cauallerie.

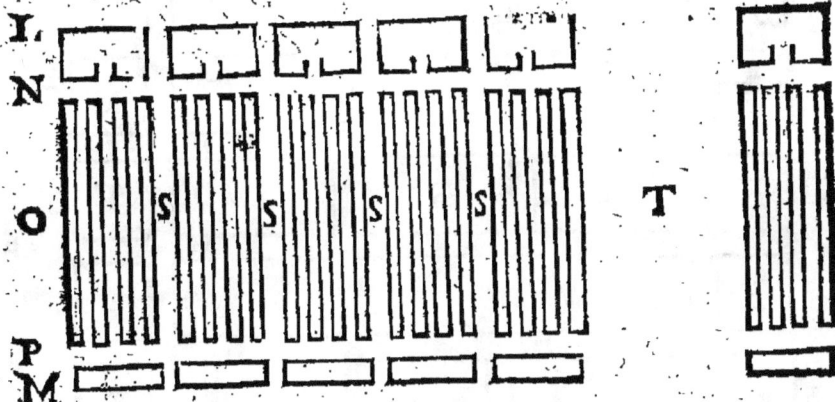

Q. Le retranchement du camp.

R. La place d'armes.

L M. La largeur du cartier.

L. Les logis des Capitaines.

N. La ruë entre les logis des Capitaines & leurs, compagnies.

O. Les logis des compagnies.

P. La ruë d'entre la compagnie & les viuandiers.

M. Le logis des viuandiers.

S. Les ruës d'entre les compagnies.

T. Vne place entre les regiments.

Quand la Cauallerie & l'Infanterie campent ensemble ils sont disposez selon que monstre la figure suiuante.

Logis de la Cauallerie & de l'Infanterie, faisant
front de tous costez.

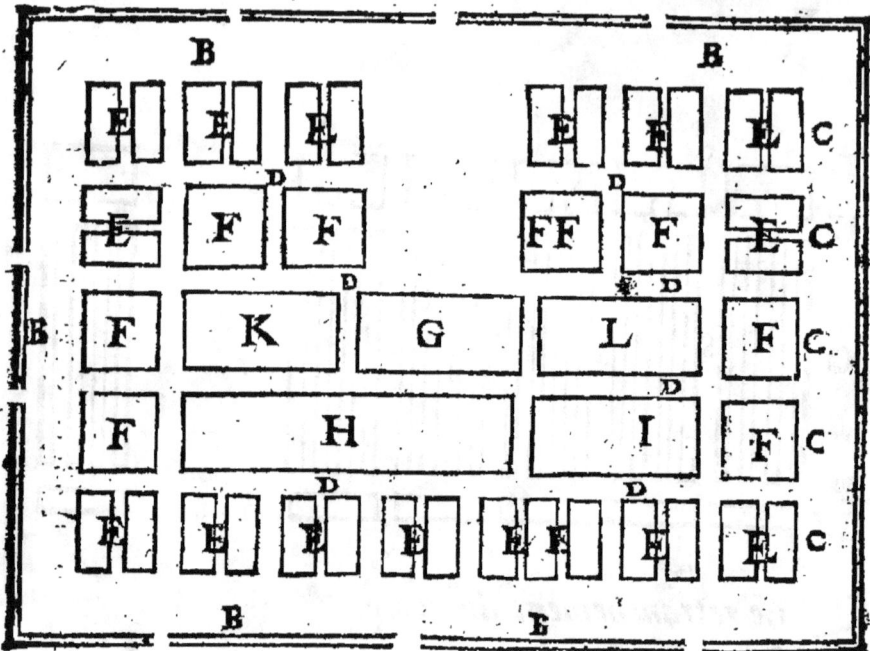

B. La place d'armes.

C. Les quartiers.

D. Les rües entre les quartiers.

E. Les logis des regimens de l'Infanterie.

F. Les logis des regimens de la Cauallerie & de son
General en F F.

G. Le General de l'armée.

H. Le logis de l'artillerie & de son General.

I. Le logis du Commissaire general des viures & de
son charroy.

K. Logis pour les surnenans.

L. Le marché & les boucheries.

DV COMBATTRE
de l'Armée.

CHAPITRE III.

IL y a deux occasions de combattre; l'vne est particuliere, succedant auec petites trouppes, comme les rencontres, qui se font le plus souuent par accident, & quelquefois de propos deliberé, & les escarmouches qui se font ordinairement pour attirer, entretenir, ou recognoistre l'ennemy. L'autre est generale, qui est lors que venant vne armée à rencontrer l'autre, elles se donnent bataille, en laquelle pour les diuersitez des temps, auant le combat, durant le combat, & apres le combat, il y faut apporter diuerses considerations.

Auant le combat, il faut cognoistre les forces de l'ennemy, tant pour l'Infanterie, Cauallerie, l'artillerie, que de ses munitions, sçauoir en quoy il se fie le plus, cognoistre l'ordre auec lequel il a accoustumé de combattre, n'ignorer l'assiette & passages du païs, estre diligēt à descouurir ses desseins & actions, par espions, ou par des siens mesmes corrompus par argēt ou promesses, tascher à diuiser ses forces, mettre soupçon & deffiance entre ses chefs, ou entre ses chefs & ses officiers, inciter les siēs à mutinerie, tascher à se saisir de l'assiette plus aduantageuse pour mettre l'armée en ba-

taille : ayant efgard au vent pour euiter la pouffie-
re & fumée & l'y ietter aux yeux, & au Soleil pour
n'eftre esbloüy, fe conformant felon l'affiette &
nombre des hommes qu'a l'ennemy & qu'on a
foy-mefmes : il faut priuer les foldats de toute ef-
perance & moyen de fe pouuoir fauuer fuyant le
combat, & les difpofer à combattre courageufe-
ment, leur propofant la gloire, le butin, la recom-
penfe, & la neceffité.

L'ordre qu'on doit tenir à ranger l'armée pour
combattre a efté defcript au chapitre premier,
comme l'armée doit marcher en bataille.

L'artillerie doit ioüer dés auffi toft qu'elle commence à defcouurir les bataillons ennemis, faifant la batterie prompte & fubite pour les rompre
ou defordonner auparauant qu'ils viennent au
combat.

Cependant que l'armée eft rangée en bataille
attendant l'heure du combat, les Marefchaux de
camp fe doiuent promener à cheual au deuant de
l'auant-garde afin de la faire auancer quand il fera
temps de combattre, & commander aux bataillons de ioindre & attaquer l'ennemy felon les oc-
currences.

Le Lieutenant general fe doit tenir auec fa
trouppe à cheual entre l'auant-garde & la bataille,
pour faire combattre la bataille & fecourir les premiers bataillons rompus de l'auant-garde, & les
ayant mis en combat il fe doit mettre entre la bataille & arriere-garde, & lors le Sergent de bataille qui eft là doit aller tout au derriere de l'arriere-

garde pour mettre en ordre ceux qui ayans esté rompus s'y viendroient r'allier, & pour les renuoyer au combat au secours de leurs compagnons, & pour ce que difficillement les battus vueillent retourner combattre, on ne se doit pas beaucoup fier en eux.

Aussi tost qu'on est à la portée du canon il faut aller droit à l'ennemy (si ce n'est que lon soit à couuert de son artillerie) par ce moyen on encourage les soldats, on euite le dommage que peut faire le canon ennemy, & si on laisse derriere soy le lieu où on estoit en bataille, auquel on peut r'allier & refaire les bataillons rompus. Il n'y faut pas aller si viste que les bataillons se desordonnent, mais au pas iusques à la portée d'vn pistolet, & delà en hors le faut doubler & charger furieusement, auéc les picquiers bien serrez, & la mousquetterie ioüant continuellement sur ses aisles, menant deuant soy quelques rondaches & targes qui couurent le bataillon, & desordonnent les picquiers de l'ennemy. Il faut donner assez de front aux bataillôs à ce qu'ils puissent battre ceux de l'ennemy par front & par flanc, & les faire espais de deux files, afin que ceux de derriere s'auancent charger sur les aisles, mais c'est quãd il y a de l'espace entre les bataillôs ennemis, autremét non. Remarquer de quel costé l'ennemy fait plus d'effort afin d'y enuoyer les troûppes de reserue, & de quel il est plus foible pour tascher plus facilement à le rompre par là, dissimuler & cacher les sinistres accidés, faire publier haut & clair ce qui aduiét en faueur, pour releuer le courage à ceux à qui il pourroit estre abaissé, ou pour le grand trauail, ou pour le bruit de quelque desastre, leur proposant la lassitude de l'ennemy, la mort de ses chefs, la fuitte de ses trouppes, la despouille, l'honneur de la victoire, & le grand butin. Enuoyer les ordres & commandemens par officiers & personnes cogneuës, & non de main en main par passe-parole.

Apres le combat l'on a vaincu ou l'on est vaincu: si l'on a vaincu, n'ayant plus à craindre l'ennemy ne se pouuant plus r'allier, ou l'on se contente de la victoire, ou l'on pretēd de conquester: si l'on est content de ceste victoire on doit remercier Dieu solemnellement, recueillir ses soldats, les loüer & les recompenser, principallemēt les chefs & ceux qui ont fait des actes signalez, leur despartant les despoüilles de l'ennemy selon leurs merites, donnant ordre que les prisonniers soient fidellement & humainement gardez & traictez, faisant penser soigneusement les blessez, & enterrer les morts. Que si l'on pretend de conquester le païs, on publiera la victoire; car cela retirera les confederez de l'ennemy de leur confederation, estonnera les ennemis, fera que les neutres se declarerõt estre pour le vaincueur, maintiendra les confederez, fidelles & constans; les subiects obeïssans, & le fera fauoriser de tous. Puis faudra refaire l'armée de soldats & de munitions, & sommer les garnisons de l'ennemy, recompensant ceux qui remettront les places, traittant rigoureusement les opiniastres, gaignant les grands du païs par argent,

eftats, & honneurs, tafcher de fe faifir des paffages
& aduenuës , & ne laiffer rien aux efpaules qui
puiffe offencer ou empefcher le cours des munitions & viures.

Que fi l'on eft vaincu, ou l'ennemy dône temps
de fe retirer, ou il pourfuit de toute fa force: s'il
donne du temps, l'on doit recueillir tout ce que
l'on pourra des gens rompus & efcartez, fe retirant conftamment & honorablement, remettant
aux champs, & au pluftoft, le plus grand nombre
de foldats qu'on pourra pour faire encore tefte à
l'ennemy, s'oppofer à fes deffeins, & le troubler
en fes actions (comme fit l'Archiduc Albert apres
la bataille de Nieuport en Flandres contre le
Prince Maurice) faire que les côfederez l'affaillent
pour diuertir & diuifer fes forces, fortifier les paffages, pourueoir & munir les places frontieres
de viures, munitions, & garnifons.

Si l'on eft pourfuiuy à outrance il fe faut retirer
au meilleur ordre que l'on pourra, monftrant n'e-
ftre pas vaincu de courage, encore que l'on le foit
de fortune, mettre en armes tout fon païs, & que
les fubiects armez fe prefentent au paffage pour
empefcher l'entrée à l'ennemy, rompant les pôts
& quays des riuieres, couppant les chemins & les
trauerfant d'arbres abattus, rompant les efclufes
& inondât le païs fi l'on peut, s'affeurer de la fidelité de fes villes, & de fes fubiects, celles là par des
fortes citadelles & garnifons; & ceux cy par ofta-
ges, offices, & benefices.

DE LA FABRIQVE
des forteresses.

CHAPITRE IIII.

AVANT que de fortifier vne place il faut considerer sa situation: car si c'est sur vne montaigne qui soit toute de roche, & que la place occuppe tout le sommet, elle sera de difficile approche, ses flancs seront asseurez, sera hors de mine & de commandement, descouurira facillement toùt autour d'elle, sera fort meurtriere, sera saine tant pour les habitans que pour les munitions. Mais telle place a communement ces incommoditez faute d'eau, faute de terre, difficile à retrancher, facile à estre bien tost serrée, & ses passages & aduenuës pour son secours aisez à estre couppez.

Si elle est sur vne montaigne qui ne soit pas de roche, elle sera subiecte à la mine, les tranchées d'approche s'y creuseront facillement, & aura presque toutes les incommoditez de la place susdite. Mais elle aura aussi pour aduátage abondance de terre, & par ce moyen lon s'y pourra facillement retrancher.

Si la place est assise sur vne montaigne qui ait vne ou plusieurs aduenuës qui la commandent, telle place pourra facillement estre attaquée & battuë par là.

Que si sa situation est marescageuse ou maritime,

me , les approches en font difficiles , mais les incommoditez en font grandes à ceux de dedans;
Car ils font toft enfermez , les forties en font fort
difficiles & dangereufes,font mal faines aux habitans, les munitions s'y corrompent bien toft , &
en fin peut difficilement eftre fecouruë.

Si la place eft affife en vne plaine,mais comman-
dée d'vne ou plufieurs montaignes , elle aura vne
infinité d'incommoditez & prefque point de
commoditez.

Si elle eft en plaine fablonneufe , les ouurages
qui s'y feront n'y vaudront pas beaucoup.

Que fi elle eft en campagne rafe & vnie de tous
coftez ayant le territoire gras & fort,l'on s'y pourra facillement fortifier , & obuier facillement aux
incommoditez ayant fes commoditez fort ad-
uantageufes.

Mais quelle affiette que l'on aye fi on delibere
de s'y fortifier il faut calculer fes moyés pour fçauoir s'ils font fuffifans, fi la faifon y eft propre, fi
l'on a affez d'ouuriers & d'outils, affez de temps
pour la pouuoir acheuer auparauant que la faifon
change, ou que l'ennemy arriue fur les bras , affez
de foldats pour la garder, & d'artillerie pour la
munir, affez de munitiós pour les foldats & artillerie, affez de viures pour les hommes & pour les
cheuaux, & le fecours proche tant qu'il puiffe arriuer durát letemps que l'on croit pouuoir maintenir la forterefse contre l'emort de l'ennemy.
Que fi tout cela eft fauorable, on peut hardimét
venir à l'œuure ayant premierement efgard à la

C

matiere , secondement à la forme.

Quant à la matiere , si l'on a commodité de pierre, de brique & de chaux. Il faut reuestir tous les ouurages des courtines, bastions, & contr'escarpes , de bonnes & fortes chemises taluées en ceste sorte, celles de la contr'escarpe & courtine ayent de talu le quart de la hauteur, & celles des pans ou faces des bastions le tiers.

Les faces des bastions doiuent auoir des esperons distans l'vn de l'autre dix pieds, espais de trois, & longs de vingt-cinq , auec des sommiers de bois qui lient les esperons auec la muraille laquelle doit estre bastie en arcades appuyée sur des esperons.

Si vous n'auez que de la terre simplement il faut donner de talu aux ouurages selon qu'elle est forte ou sablonneuse ordinairement de cinq pieds l'vn , tels ouurages doiuent bien estre garnis de pallissades, & enuironnées d'eau , car ils sont subiects aux surprinses, à cause que les pluyes & gelées les font esbousler.

Quant à la forme, si elle est reguliere, qui est quand elle a ses costez esgaux entr'eux , telle qu'est la fortification d'vne face, telle doit estre de toutes les autres Que si elle est irreguliere, qui est quand elle a ses costez inesgaux , ainsi que sont toutes les villes qu'on racommode, la fortification sera par tout dissemblable. Mais quelle forme qu'elle ait, il faut obseruer les reigles suiuantes le plus qu'on pourra, & tascher de la rendre esgallement forte de tous costez.

Que les angles ou pointes des bastions (qu'on
appelle angles flanquez) soyent les plus grands &
mousses qu'on les pourra faire : Car les angles
flanquez tant plus sont obtus tant meilleurs ils
sont, & les flanquans tant plus sont aigus.

A. B. C. *Anglé flanqué,*
B. C. D. *Angle flanquant.*

Que les espaules des bastions soient assez espes-
ses pour resister à l'effort de l'ennemy & empescher qu'il ne puisse ruiner les flancs qu'elles couurent, & assez longues. pour couurir à la veuë au
moins la moitié du flanc de la casemate quand on
la regardera de la pointe de la contr'escarpe du
bastion opposite. La casemate doit auoir de large la moitié de l'espesseur de l'espaule, & son plan
haut de dix pieds sur le plan du fossé sec ou de la
surface de l'eau, la ligne de l'espesseur de l'espaule
& de largeur de la casemate s'appelle la ligne du
flanc, & la plus longue est la meilleure pourueu
qu'elle n'apporte point d'incommodité aux autres parties.

F. G. *Espaisseur de l'espaule.*
F. E. *Largeur de la casemate.*
E. G. *La ligne du flanc.*

Que toute face de forteresse aye deux flancs
afin de se deffendre & par le front, & par les costez, & l'vn par l'autre.

O. *Eſt le centre du baſtion.*

O. P. *Vne face de la place.*

H. *Eſt vn flanc*, I. *eſt l'autre.*

Que les lignes de deffence ne ſoient pas ſi lon-gues, qu'elles ſoient hors de la portée de vos traicts, ne ſi courtes que l'ennemy eſtant logé ſur la contr'eſcarpe, puiſſe auec ſa mouſqueterie deſloger la voſtre de vos caſemates.

I. B. & H. D. *Sont les lignes de deffences.*

Que les baſtions ſoient grands & creux, capa-bles de pluſieurs retranchemens, qu'on y puiſſe former de grands flancs, & tenir beaucoup de ſoldats, car ſa place (ou Aire ou creux) eſt le lieu deſtiné pour combattre & porter les retranche-mens.

O. & P. *repreſentent les places des baſtions.*

Les fauſſes portes doiuent eſtre miſes entre les orillons (ou eſpaules) des baſtions, & la caſemate.

F. *Fauſſe porte.*

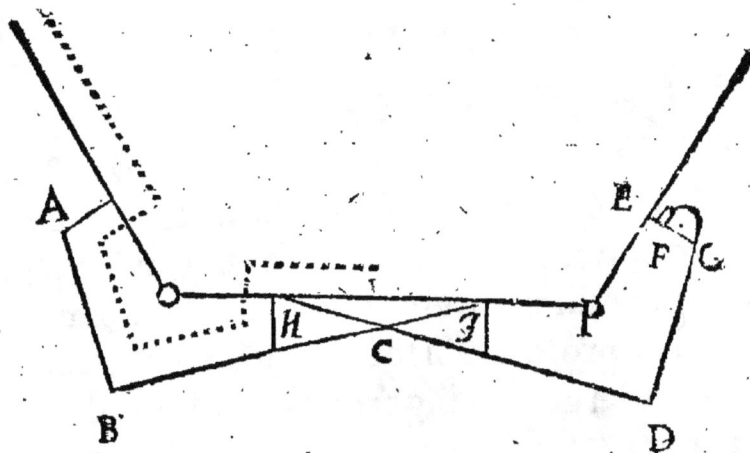

Que les pans (ou faces des baſtions) & les courtines ſoient noyées dans le foſſé iuſques au cordon ſuperieur, qu'il y ait ſur ce cordon vn parapet
de huict pieds de haut, & trois pieds d'eſpais, apres
ſoit le chemin des rondes, large de deux toiſes
(comprinſes les deux banquettes de ſon parapet)
tant aux baſtions qu'aux courtines.

S. Cordon ſuperieur.

T. Parapet de la courtine.

V. Chemin des rondes.

X. Les banquettes.

Que le rampart des baſtions ſoit haut de quinze pieds ſur le plan de la ville, & celuy de la courtine de vingt-cinq, ſans conter le parapet: bref ſi

haut qu'il empefche que les maifons ne puiffent
eftre battuës en ruine, leurs parapets foient efpais
de quinze à vingt pieds, & haut de huict.

Y. Z. *Hauteur du rampart des baftions.*

Z. θ *Efpaiffeur du parapet.*

Les foffez doiuent eftre larges de douze à feize
toifes, & de cinq à fix de profondeur en bas le
chemin couuert, eftant fec s'il fe peut, ayãt vn petit foffé au milieu, de vingt pieds de large & autant
ou plus de profond. Si le foffé eft auec de l'eau, il
doit eftre large de vingt toifes, profond de quatre à cinq, & feparé en deux par le moyen d'vne
motte de terre de trente pieds d'efpais, & la muraille de la ville doit eftre affez haute à caufe que
la profondeur du foffé fec qui donne hauteur à la
muraille, eft icy comblée par l'eau.

M. S. *Largeur du foffé.*

M. N. *La profondeur.*

Le chemin couuert doit eftre large de trois à
quatre toifes, ayant vn parapet haut de dix ou
douze pieds, enfoncé la moitié dans l'efplanade.

L. M. *Largeur du chemin couuert.*

K. L. *Hauteur du parapet de la contrefcarpe.*

Les parapets doiuent eftre de terre ou de brique non cuitte, fi ce n'eft la premiere rangée qui
doit eftre de brique cuitte pour refifter à l'iniure
du temps.

Si les courtines font longues il faut mettre vn
cauallier à chafque bout. Mais fi elles font courtes

il n'en faut qu'vn qui soit au milieu d'icelles. Ils doiuent estre hauts tant qu'ils commandent tous les ouurages & les coustaux du dehors, s'il y en a, & s'il se peut ils sont communement esleuées dix pieds par dessus le rampart, leur lôgueur se prend du nombre & qualité de l'artillerie qu'on y veut loger, & leur largeur despend de la longueur & recul des pieces d'artillerie, & d'vn parapet de trois toises & demy d'espais.

♃. ♂. *Hauteur du cauallier par dessus le rampart.*

Les pieces plus proches du centre de la place doiuent commander les plus esloignées, en haussant l'vne par dessus l'autre, au moins de dix pieds.

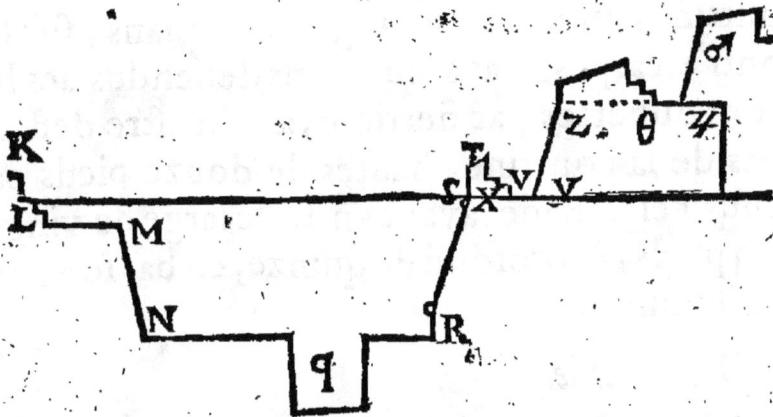

Que toutes les murailles des bastions & des courtines destournent leur front des commande-mens qui les voyent, les menât de biais, afin que la batterie ne s'y puisse dresser à plomb & que le boulet bricolle par le moyen de son biays & de son talu, & qu'elles ne soient point commandées ny enfilées de long.

Les places de la ville doiuent estre couuertes sur le milieu pour garder les bataillós de la pluie, il y doit auoir au long des rües qui vont au rampart des hales pour le mesme effect.

Les rües doiuent estre larges de cinq à six toises, pour passer facilement le charroy & l'artillerie.

Les degrez pour monter au chemin couuert de la contr'escarpe, doiuent estre droiḋ au milieu de la courtine entre les deux flancs des bastions.

℈ *Degrez de la contr'escarpe.*

Il faut faire des demy-lunes sur le deuant des courtines au droit des angles flanquans, sur les contr'escarpes, ayans leurs pans deffendus des bastions ouuertes par derriere, afin d'estre deffenduës de la courtine, hautes de douze pieds par dessus l'esplanade, ayant vn fossé large de vingt-cinq pieds, & profond de quinze, en bas son chemin couuert.

♉ *Demy-lune.*

Au deuant des demy-lunes il faut auancer des tranchées longues de soixante à quatre-vingts toises, faites en tenailles ou demy-bastions, mettant la terre du costé de la ville qui seruira de parapet, profondes de dix pieds, larges de quinze, &

qu'elles foient enfilées & deffenduës de la ville &
de la contr'efcarpe.

☉. *Tranchées, ou demy-baftions, ou contre-poin-*
tes.

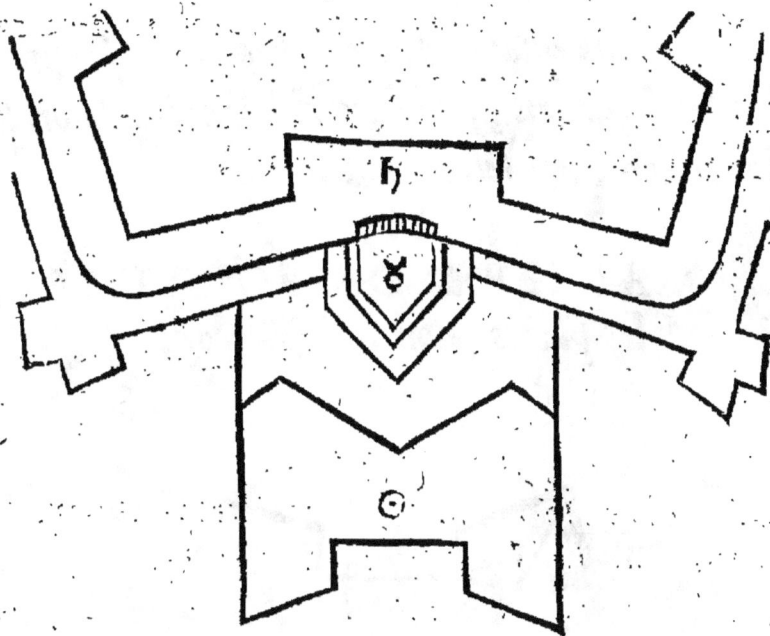

Les François & les Efpagnols tirent les lignes
de deffences, des flancs des baftions, & les Holan-
dois & Venitiens les tirent d'enuiron le milieu de
la courtine , & cefte derniere façon me femble
meilleure, mefmement aux grandes places, à caufe de l'abondance des feux, lefquels doiuent eftre
preferez à la force des angles flanquez.

On obuie aux commandemens des places ou
en les reiettant & fe couurant d'eux, ou bien en

les occuppant & les fortifiant d'vne tenaille, ou
de deux demy-baſtions, ou d'vn baſtion & de
deux demies, ſelon qu'ils ſont grands, pour le
moins ſe faut-il couurir d'eux par des bonnes &
fortes trauerſes.

S'enſuiuent quatre diuerſes façons de fortifier,
ſelon les François, ſelon les Eſpagnols, ſelon les
Hollandois, & ſelon les Italiens.

LA MANIERE DE FORTIFIER
les places ſelon les François.

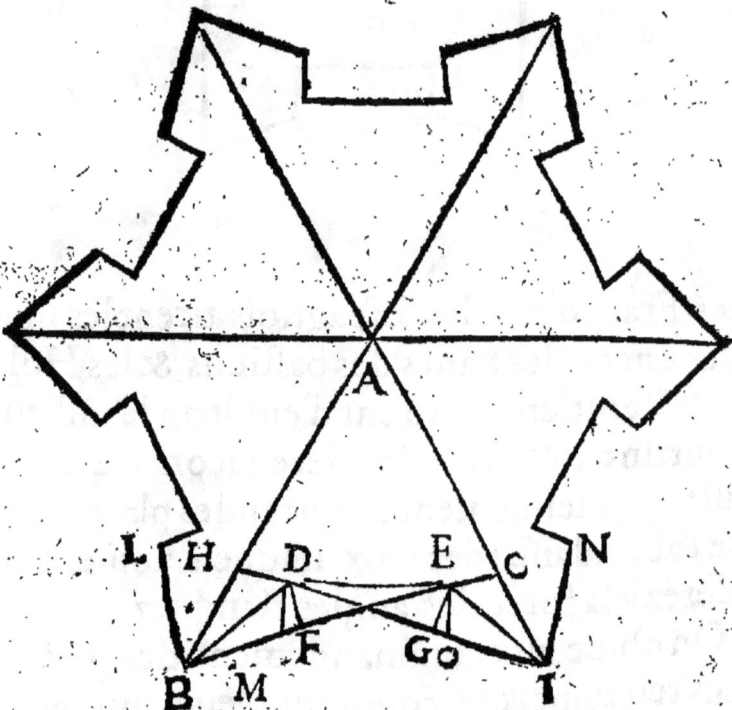

A B C. & A I H. *Sont deux angles demy-*
droicts chacun, afin d'auoir L B F. &
G I N. *droicts.*

B D. & I E. *Diuisent ces angles demy-droicts*
en deux parties esgales.

D F. *Est perpendiculai-* | *Aux figures de moins de*
re sur B C. | *neuf costez, mais aux*
| *figures de plus de huict,*
| *elles sont perpendicu-*
| *laires sur la ligne*
E G. *Est perpendicu-* | D E. *comme* M D. &
laire sur I H. | O E.

B F. & G I. *Sont les pans des bastions.*
D F. & G E. *Sont les flancs.*
D E. *Est la courtine.*
B E. & I D. *Sont les lignes de deffence longues*
depuis cent iusques à six vingts toises.

FORTIFICATION ESPAGNOLE

Quand les bastions sont auec orillons.

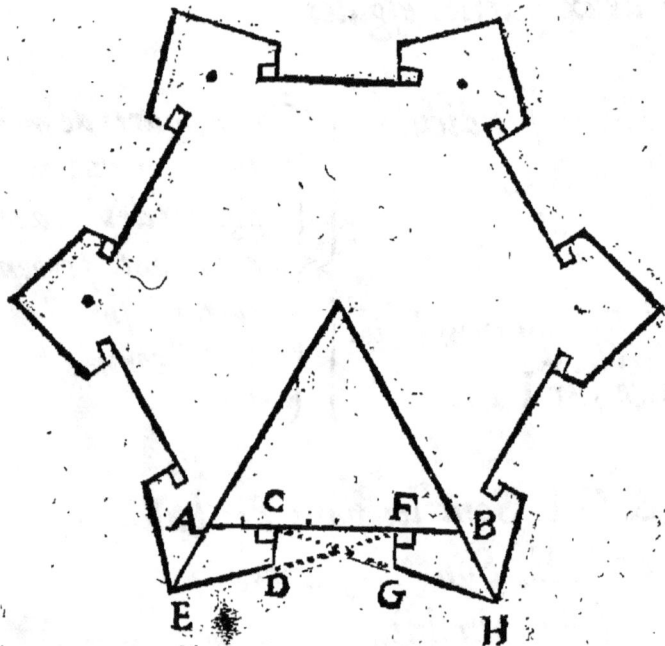

AB. Soit diuisée en huict parties esgales.

A C. & B F. en ont chacune deux.

C D. & F G. en ont chacune vne.

E F. & H C. doiuent estre longues de 850. à
900. pieds.

FORTIFICATION ESPAGNOLE.

Quand les baſtions ſont ſans orillons.

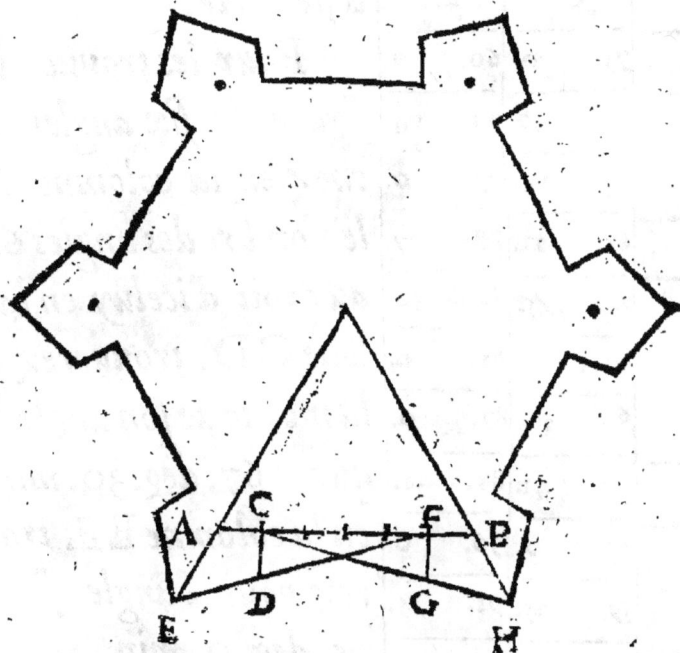

A B. Eſt diuiſée en ſix parties eſgales.

A C. & B F. En ont chacune vne.

C D. & F G. Auſſi chacune vne.

E F. & H C. Doiuent eſtre longues de 850. à
900. pieds.

FORTIFICATION HOLLANDOISE.

Angles des figures.	Moitié des Angles flanquans.		Angles flanquez ou des Bastions.	
A.	C.		E.	
4	75.	0.	60.	0.
5.	70.	30.	69.	0.
6.	67.	30.	75.	0.
7.	65.	21.	79.	17.
8.	63.	45.	81.	30.
9.	62.	30.	85.	0.
10.	61.	30	87.	0.
11.	60.	41.	88.	38.
12.	60.	0.	90.	0.
13.	59.	25.	91.	25.
14.	58.	55.	92.	9.
15.	58.	30.	93.	0.
16.	58.	7.	93.	45.
17.	57.	47.	94.	25
18.	57.	30.	95.	0
19.	57.	14.	95.	32
20.	57.	0.	96.	0
B.	D.		F.	

En ceste table l'on trouue la quantité des angles flanquans & flanquez en ceste sorte.

Pour les trouuer d'vne figure de six angles cherchez en la colomne A B. le nombre des angles 6. & au droit d'iceluy en la colône C D. trouuerez pour la moitié de son angle flanquant 67. deg. 30. min. & en la colomne E F. trouuerez pour l'angle flanqué 75. deg. 0. min.

Pour desseigner la fortification de six bastions, faites la ligne H I. mettez le compas en O. & faites l'arc G L M. puis marquez L G. & L M. chacun de 67. deg. 30. min. puis tirez les droictes li-

gnes O G. & O M. *vous aurez l'angle flan-*
quant G O M. *de* 135. *deg.*

Faites apres la droicte ligne R A. *qui couppe à*
angles droicts la ligne H I (*n'importe qu'elle soit*
esloignée ou proche de O.) *diuisez là en* 5. *parties*
esgales, & *en donnez* 4. *à chacune des lignes* R F.
& A C. *qui feront les pans des bastions, puis diui-*
sez vn pan en 5. *parties esgales* & *en donnez deux*
à chacun des flancs A N. & R P. *qui doiuent*
estre perpendiculaires sur la ligne R A. *tirez apres*
la ligne P N. *qui fera la courtine.*

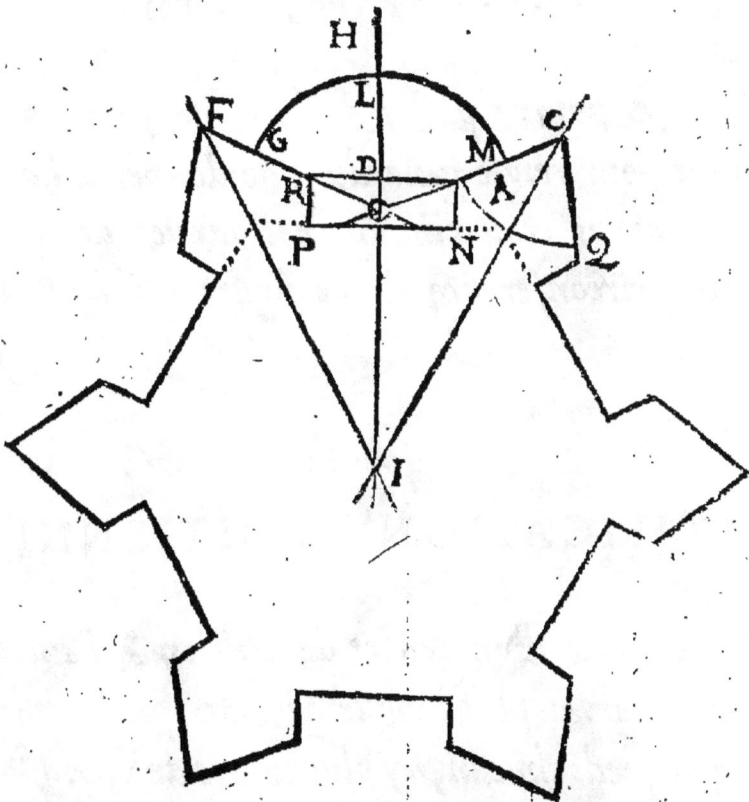

Mettez le compas sur le poinct C. faites l'arc
A Q. de 75. deg. (comme est marqué en la table)
puis tirez la ligne C Q. & vous aurez l'angle
du baftion A C Q. lequel eftant diuifé en deux
parties efgales par la droite ligne C I. marquera
en I. le centre de la place.

C'eft vne reigle generale que les faces des baftions font les quatre cinquiefmes parties de la
courtine, & les flancs les deux cinquiefmes parties des faces des baftions.

Les pans des baftions doiuent auoir aux grandes figures 400. pieds, aux moyennes 350. & aux
petites 300.

L'on fe pourra paffer de la table precedente
retenant pour reigle generale, de donner à l'angle flanqué les trois cinquiefmes parties de l'angle de la circonference de la figure qu'on veut
fortifier.

FORTIFICATION VENITIENNE.

La diftance d'vn centre de baftion à l'autre
A B. n'eft iamais plus longue de 200. pas Venitiens de 5. pieds chacun, ny plus courte de 150. afin
que

que la ligne de deffence ne foit trop longue ny trop
courte.

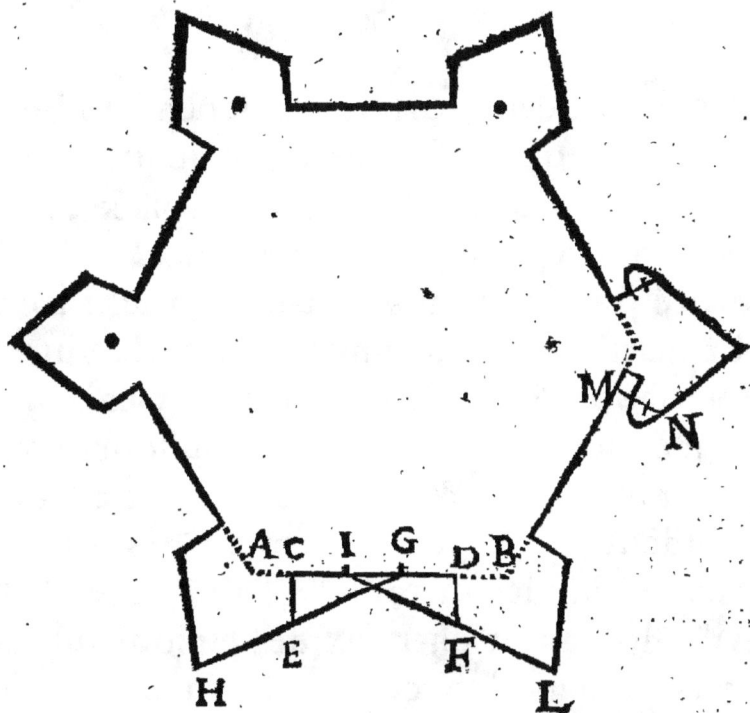

AB. *Doit eftre partie en 6. parties efgales.*

AC. *Eft vne fixiefme partie de A B.*

CE. *Eft efgale à A C.*

HG. *Se tire du tiers de la courtine aux figures de
moins de huict coftez, & du milieu d'icelle aux
figures de plus de fept.*

MN. *Se diuife en trois parties efgales, deux pour
l'efpaule, & vne pour la cafemate.*

D

DE LA GARDE DES
forteresses.

CHAPITRE V.

A garde des forteresses depend du bon ordre que le Gouuerneur tient tant au dedans qu'au dehors de la place, soit pour la police ou pour la milice.

L'ordre politique dans la place contient tout ce qui appartient à la vie ciuile, comme le viure, la conuersation & la iustice, tant enuers les bourgeois, qu'enuers les soldats, ayant tousiours l'œil sur leurs mœurs, vie & condition, estant asseuré de leur fidelité, mais principalement des soldats auparauant que les introduire en la place, & y estans il y doit auoir entr'eux des espions subtils & secrets qui regardent comme ils viuent, quelle pratique ils ont, s'ils se mescontentent du Gouuerneur, & qu'est-ce qu'ils en disent en public, & en priué: finallement auoir l'œil sur toutes leurs actions. Touchant le dehors de la place il faut prendre garde à ceux qui entrent qui sont ou paisans, lesquels sous pretexte de porter, vêdre quelque chose en la ville, ou y venir achepter, s'y introduisent; ou marchans, lesquels auec l'occasion du commerce y entrent & sortent à leur plaisir; à ceux là il faut auoir esgard s'ils traittent auec personnes suspectes, ou s'ils sont, ou s'ils viennent de

lieu fufpeſt , ne permettant point l'entrée qu'à
ceux defquels on eſt bien affeuré, & qu'on cognoiſt fort.

La garde militaire a efgard ou aux portes, ou
aux murailles:des portes c'eſt ou à l'ouuerture ou
à la cloſture,pour l'ouuerture il faut auant les ouurir du tout enuoyer vn officier auec quelques
foldats recognoiſtre s'il y auroit des embufcades
aux faux-bourgs, Eglifes champeſtres, mafures,
concauitez, vallées, foffez, iardinages murez, ou
bois. Et à la cloſture le Sergent Maior y doit affi-
ſter le plus fouuent qu'il pourra & fonder les fer-
rures de fa propre main.

Quant à la muraille il faut auoir efgard ſi elle
eſt baffe , mal flanquée,caduque, le foffé fec, & y
remedier, comme auffi aux entrées & forties des
eaux.

Les portes & murailles fe doiuent affeurer auec
des bons corps de gardes & des fentinelles proches l'vne de l'autre: Il ne faut iamais mefprifer le
danger mais foupçonner toufiours , craindre les
furprifes & trahifons, eſtre vigilant & actif, vifi-
tant fouuent fes gardes à l'impourueu, & les fur-
prenant de forte qu'elles craignent autant d'eſtre
furprifes du Gouuerneur que de l'ennemy, ce qui
les tiendra en leur deuoir.

DE LA PRISE DES PLACES
par petard, ou quelque autre surprise,
ou par trahison.

CHAPITRE VI.

E v x qui entreprennent sur vne place la veulent surprendre ou par petard, ou par escalade, ou par quelque autre defaut qui est en ses portes ou en sa muraille, ou par intelligence & trahison.

Si on la veut surprendre par petard, il faut premierement bien recognoistre les portes, barrieres, pallissades, bacules, ponts, trebuchets, herses, & grilles, les lieux des flancs s'ils sont à costé, en haut ou pardeuant: si le fossé est sec ou auec eau, s'il est large & profond, s'il y a des machicoulis, des corps de gardes, & en quel lieu; si l'entrée est droite ou en destour, & en toutes ces choses il faut remarquer combien de pas elles peuuent auoir de long, de large, de haut, & de distance d'vne piece à l'autre à peu pres.

La place recogneuë on se doit seruir des stratagemes pour couurir ses intentions & diuertir l'ennemy en autre part.

Quand il y a pres de la place qu'on veut surprendre quelques faux-bourgs, masures, concauitez ou quelques bois, l'assaillant s'en peut seruir pour faciliter ses approches & dresser ses embus-

ches, deſcouurir facilement ce qui ſe fait aux portes de la ville, prendre bien ſon occaſion à l'in-
ſtant qu'il la void belle, & receuoir ſes aduertiſſe-
mens par les perſonnes qu'il aura enuoyées recognoiſtre la place: eſtant ainſi proche il peut ſecourir à propos ceux qui donnent les premiers, & ſe
depeſcher plus promptement, toutesfois il ne ſe
doit pas tant approcher qu'il ſoit ſoubs les commandemens meurtriers de la ville, de peur qu'e-
ſtant contrainct à faire la retraicte, il n'aye la feſ-
ſade.

Le temps bien pris facilite fort les entrepriſes,
qui eſt ordinairement vn peu auant le iour, à cauſe que les ſentinelles eſtás baſſes & recreuës s'en-
dorment, & que l'obſcurité fauoriſe les approches, ſert de mantelet à ceux qui dreſſent les machines, & qui plantent les petards, & donne de la
terreur aux aſſaillis.

Les petards doiuent eſtre faicts de fine roſette,
ou cuiure rouge, auec vne dixieſme partie de cuiure iaune.

Celuy du pont doit eſtre long d'onze pouces,
& large au dehors de la culaſſe de ſept & demy, &
au dedans de cinq: le metail doit eſtre eſpais de
quinze lignes à la culaſſe, & de ſix lignes au colet,
ſans conter le bourlet: il doit auoir dix pouces de
bouche, trois ances, & la fuſée ioignant la culaſſe:
il peſera de ſoixante à ſoixante dix liures de metail.

D iij

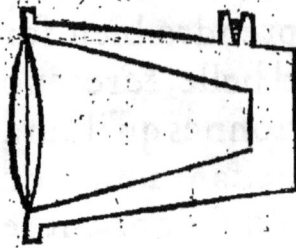

Celuy des portes à barres trauerſieres doit eſtre long de neuf pouces, eſpais au colet de cinq lignes, & la culaſſe d'vn pouce, ayant ſept pouces de bouche, ſix au dehors de la culaſſe, & quatre au dedans, il peſera pres de quarante liures.

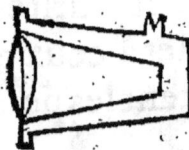

Celuy des portes à ſimples verrous, ou des palliſſades doit eſtre long de ſept pouces, eſpais au colet de quatre lignes, & à la culaſſe de neuf, ayant quatre pouces de bouche, trois pouces & demy au dehors de la culaſſe, & deux pouces au dedans, il peſera pres de quinze liures.

Il faut mettre entre le petard & le pont vn madrier (ou planche) de bois d'vn pied & demy de large, de deux de long, & trois pouces d'eſpais, ſi le bois n'eſt gueres fort il le faut couurir de lames de fer miſes d'vn coſté du madrier en trauers, & de l'autre en long.

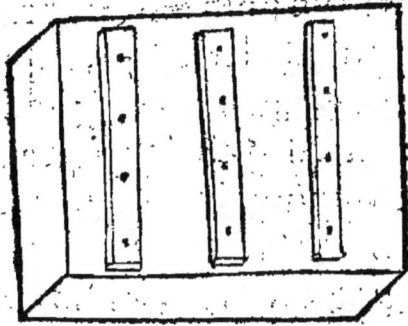

La charge du petard du pont est de cinq à six liures de poudre, de ceux des fortes portes de trois
à quatre, & des pallissades d'vne liure & demie à
deux.

—Il les faut charger de la plus fine poudre qu'on
pourra trouuer, la battant bien ferme dans le pe-
tard(mais non pas tant qu'elle en perde son grain)
qu'il faut boufcher d'vn tranchoir ou rouleau de
bois appliqué fort iustement, espais d'vn pouce,
fondant vn peu de cire au dessus pour bien boufcher ses fentes, & empefcher que l'eau n'entre au
dedans, si par cas fortuit il venoit à tomber dans
l'eau. Il ne faut pas charger le petard iusques à la
bouche, il s'en doit mâquer trois doigts & ce vuide se remplira d'estoupes ou autre chose qu'on
pressera bien fort, & appliquera on apres vne toille deuant la bouche du petard attachée bien serré
auec vne corde à l'entour du colet pour euiter
qu'il ne se descharge.

Il faut mettre sur la lumiere vn boufchon de lie-

D iiij

ge, & fur iceluy vn emplaftre de cire ou de poix
de peur de l'eau.

Il faut porter vn poinçon pour remuer l'amorce auãt qu'appliquer le petard, laquelle doit eftre
tardifue afin que le petardier ait loifir de fe retirer
auant que le petard iouë, & propre pour refifter à
l'eau. On la compofe ainfi, prenez trois parties de
poudre fine, fix de fouffre, & neuf de falpetre, pi-
lez chacun à part fort fubtillemẽt, puis les meflez
enfemble dans vne efcuelle auec vne petite bu-
chette de bois, verfez y de l'huille petrol peu à
peu tant qu'il s'emp.fte, & le laiffez bien feicher à
l'ombre, puis en chargez voftre fufée.

Le plus facile moyen de pofer les petards aux
barrieres ou aux portes eft auec la fourchette,
comme monftre cefte figure.

Mais le petard du pont doit eſtre appliqué auec
vne fleche, faite comme s'enſuit.

Elle doit auoir vn contre-pois au derriere montée ſur deux rouës hautes de trois pieds & demy,
eſpaiſſes de deux pouces & demy, montée ſur vn
eſsieu quarré de fer, eſpais d'vn pouce & demy; la
pointe de la fleſche A B. doit eſtre aſſez large pour
contenir le petard, à ſçauoir d'vn pied. C D. trois
pieds. A E. vingt pieds. E C. ſix pieds, la fleſche eſt compoſée de trois longues planches C A.
G H. D B qui ſont faites de quatre pieces chacune, liées auec des anneaux de fer, comme monſtrent H I K L. & ſe démontent pour eſtre por-
tatiues, comme voyez par M N. & ſe cloüent
apres auec la cheuille O. ainſi qu'eſt monſtré par
8. Ces trois planches ſont affermies enſemble par
des barreaux larges de deux pouces eſpais d'vn, di-
ſtans d'vn pied l'vn de l'autre, voyez F. la largeur des planches eſt P Q. cinq pouces Q R.
deux T V. huiĉt pouces T S. trois au long de
la planche du mitan de la fleſche G H. faut
faire vne rainure pour mettre vne trainée à
donner le feu au petard.

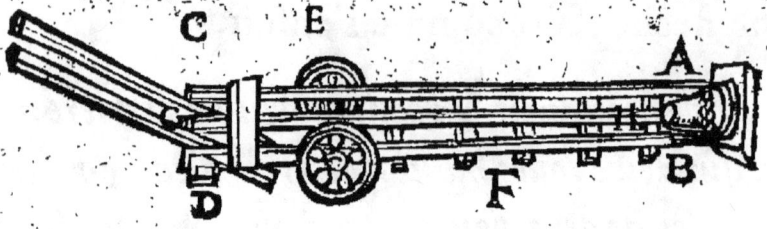

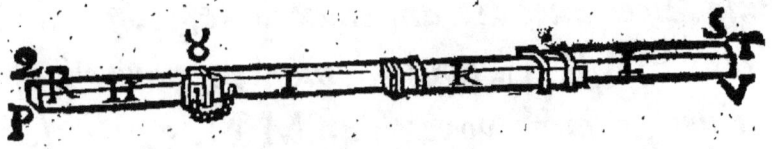

Le pont roulant doit eſtre fait de meſme que
la flèche, hors-mis qu'il eſt auſſi large au bout X.
comme à l'autre Y. & qu'il eſt couuert de planches comme monſtre Z.

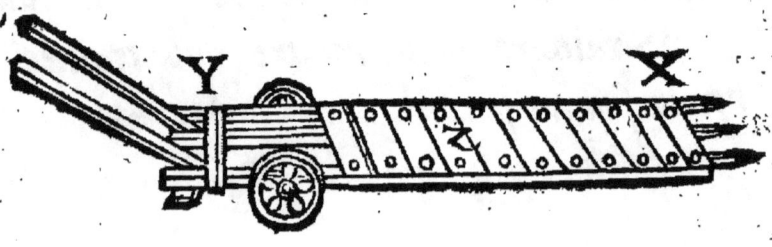

Deux hommes peuuent facillement pousser la fleche & appliquer le petard contre le pont.

Quand entre le pont & sa bacule il y a vne porte, il faut appliquer le petard droit au milieu du
pont : Mais quand il n'y a point de porte il faut
poser le petard au droit de la bacule, afin que la
rencontrant de sa violence il la pousse en haut &
par ce moyen abbatte le pont.

Que si le pont joint mal par haut comme il
fait ordinairement, il faut poser le petard le plus
haut que l'on peut. Car la violence du soufflet
qu'il donnera contre la muraille, l'abbattra.

Pour abbattre vn pont qui joint mal contre la

muraille on le peut faire sans petard auec vne tortuë de bronze appliquée entre le mur & le pont,
qui l'abattra par son esclat.

Ceste tortuë se fait ainsi , prenez deux escuelles
de bronze qui soient creuses de cinq pouces & larges d'vn pied, espaisses de deux pouces, appliquez
les l'vne contre l'autre , & les remplissez de poudre.

Communement le bon ordre & la bonne pro-
uission de tout ce qui est necessaire faict bien reüssir l'execution, aussi le moindre desordre l'empes-
che, partant il faut ordonner le tout bien commodement, distribuant à differends chefs la diuersité des choses qu'il faut executer, comme d'arriuer à la place deux heures auant le iour, l'enuoyer
recognoistre, pour sçauoir si l'ennemy ne seroit
point aduerty, & s'il se tiédroit sur ses gardes pour
vous rendre le change, faire aiuster vos fleches &
ponts roulans assez loin de la porte, afin que ceux
de la ville n'oyent marcher le mulet qui le porte
& le bruit que font ceux qui le deschargent, faire
aduancer vos petardiers portans chacun sa fourchette & Madrier, & ayant à son costé vn homme
qui luy porte son petard, lesquels feront ouuerture des barrieres , pallissades & portes , telle que la
fleche du petard du pont y puisse passer afin d'a-
battre le pont; si le pont se met en pieces il les faut
attirer auec des crochets , si vne fleche demeure
haute, il y faut appliquer vn petard , si le pôt s'abat
dans le fossé il se faut seruir du pont roulant, apres
il faut aller poser deux potences ou soliueaux à la

coulisse de la herse pour l'empescher d'estre abbattuë ou mettre des cheualets au dessous, que si
elle estoit abbattuë il la faut enfoncer à coups de
petards auec des grãds madriers si elle est de bois,
que si elle est de fer, il faut auoir vn petard qui aye
ses anses fortes & y poser vn ou plusieurs bouts
de chaisnes de fer ayant des crochets aux deux
bouts forts, & assez longs pour embrasser beaucoup de barreaux.

L'ouuerture des portes estant faite il faut secourir promptement les premiers qui l'auront
prise, chargeant furieusement sur ceux qui se vou-
dront opposer & tenir ferme, iettant des grenades, des saucisses, des pots à feu, parmy eux pour
les desordonner, tascher de gaigner leurs barricades auec la mousquetterie, les picques & les lances à feu, depeschant le plus viste qu'on peut; car
en cecy la diligence fait tout, empeschans que les
assaillis n'ayent le temps de se ioindre, se r'allier &
former vn corps pour vous repousser: il faut mettre des seures gardes à la porte, s'asseurer & saisir
du corps de garde, qui est au dessus des murailles
& ramparts, des places, des Eglises, de l'hostel de
ville, & de tous les lieux ou ceux de dedans se
pourroient assembler, fortifier, & rendre combat,
secourir ceux qui pourroient auoir trouué resi-
stance, deffendre de butiner, ordonnant que chacun demeure ferme en son lieu iusques à ce que
les gardes soient assises, que tous les endroicts de
la ville soient asseurées, & qu'on ait departy les
quartiers & logis d'vn chacun.

Que ſi on veut ſurprendre vne porte de ville,
ſans petard, il faut recognoiſtre ſi elle eſt mal gardée, s'il y a peu de ſoldats, s'ils ſe tiennent eſloi-
gnez de leurs armes, ſi le corps de garde eſt poſé
en lieu propre pour eſtre ſurpris, ſi les ſoldats s'y
tiennent dedans ou autour, s'ils abandonnent la
porte à quelque certaine heure, comme pour les
repas, pour la deuotion, pour le ieu, pour la re-
colte du bled ou du vin : ſçauoir ſi les chefs n'entendent pas leur charge, ou s'ils ſont negligens ou
mal obeïs, & que partant les gardes ſoient deſor-
données, s'il y a pres de la place quelque lieu fauorable pour dreſſer des embuſches, comme foſſez,
murailles de iardin, chãvres, bleds, chemins creux
pour donner ſur la porte à l'ouuerture & parmy la
confuſion des ſortans, ou vn peu apres; car les gardes ayans quitté leurs armes & eſteint les meches
peuuent eſtre ſurpriſes pluſtoſt qu'elles n'ayent
moyen de les reprendre : on peut faire aborder la
porte à des ſoldats deguiſez en païſans, en femmes, ou en marchans, apportant ou conduiſant
de la marchandiſe, du bois, du foin, ſur le dos, par
voiture, par charroy, ou par batteaux s'il y a riuiere, ou lac, ou mer, qui ſe pourront ſaiſir de la porte & la tenir tant que ceux qui ſont en embuſche
les viennent ſecourir.

Si on veut ſurprendre vne place par eſcalade il
faut premierement auoir recogneu les aduenuës,
la contr'eſcarpe & le foſſé pour ſçauoir ſi on peut
arriuer à couuert, entrer & ſortir facilemēt, & cela au droit du lieu où l'on veut donner l'eſcalade

fans qu'il faille beaucoup tourner autour de la
place,autrement on eſt en danger d'eſtre frotté &
pris à la trappe. On doit ſçauoir ſi le foſſé eſt ſec ou
gelé,ou auec eau,peu profond, ſans bouë & facile
à paſſer; ſi la muraille eſt baſſe qu'õ la puiſſe eſche-
ler , ſi le lieu où l'on veut dõner eſt eſloigné du
corps de garde ou ſentinelle pour n'eſtre d'eſcou-
uert, ſi le lieu eſt capable d'y dreſſer beaucoup
d'eſchelles & entrer beaucoup de gẽs à la fois , ou
eſtroit n'y pouuant entrer qu'vn à vn, & voir ſi on
pourroit apres que les premiers ſeroiẽt entrez faire plus grande ouuerture ſur le lieu, ou au moins
auoir le temps d'eſtre tous entrez auparauant le
iour ou qu'eſtre deſcouuerts , recognoiſtre les
lieux des corps de gardes, la plus prochaine place
pour s'y ranger en bataille; les places & Egliſes
pour les enuoyer gaigner par des bataillõs,les en-
uoyãt en meſme temps à main droite,à main gauche & par deuant , & le gros demeurant ferme en
bataille pour enuoyer du ſecours où il ſera beſoin, ſe tenant pres de quelque porte pour la gaigner,ouurir, & faire entrer la Cauallerie.

Vn lieu ſe peut ſurprendre par les murailles ſans
donner l'eſcalade par quelque ſien defaut,cõme ſi
elles ſont vieilles & caduques , foibles,peu eſpaiſſes,de brique ou de pierre,& d'argile, & ſans ram-
part:car elles peuuent facillemẽt eſtre percées par
le rat ou par la ſcie, ou s'il y a quelques feneſtrages
bas au long de la courtine, ou des fauſſes portes,
ou quelques eſgouts d'immondices, ou autres entrées & ſorties d'eaux mal gardées & foibles.

Les intelligences & trahisons peuuent arriuer
& reüssir quand quelque occasion vous donnera
moyen de corrompre la fidelité de ceux de la place qui vous y peuuét faire entrer & la vous liurer:
or ces occasions serót quand vous recognoistrez
de pouuoir introduire quelque desir de changement en l'ame d'aucuns, ce qui aduient souuent
aux soldats glorieux qui desirent de faire fortune,
ou aux vindicatifs quand ils sont m'escontans du
Gouuerneur, ou de quelques officiers, outre que
la plus part se croyent mal traittez quand il ne
sont pas aduancez aux charges, s'estimans plus
qu'ils ne vallent, & d'autres qui sont si auaricieux
qu'il n'y a rien qu'ils ne facent pour l'argent:telles
& semblables choses peuuent acheminer les intelligences & trahisons.

COMME IL FAVT ASSIEGER
& forcer les villes.

CHAPITRE VII.

'ON appelle prendre les places par force quand on les emporte auec vne armée par batterie:à quoy on doit apporter trois considerations. La premiere,
auant que de l'entreprendre, la deuxiesme, durant
le siege, & la troisiesme, apres la prise.

Auant que de l'entreprendre il faut considerer
si on le doit, & si on le peut faire.

On

On le doit quand par ce moyen on recouure le
sien, que l'on affoiblit son ennemy, qu'on s'asseure & fortifie de ce costé-là, qu'on augmente son
reuenu, & qu'on gaigne beaucoup au butin: mais
on ne le doit pas quand les frais excedent le profit, ou qu'il seroit difficille de conseruer la place
apres l'auoir prise, ou bien quand elle est si forte, si
bien munie, ou proche du secours, qu'il y a plus
d'apparence de dommage, qu'esperance de bon
succez.

On le peut quand on a prouision de tout ce qui
est necessaire pour l'entreprise : & suffisamment.
Les choses les plus necessaires sont les soldats,
l'artillerie, les munitions pour les armes, comme
poudres, bales, mortiers, grenades, bombes, picques, &c. & pour les instrumens, comme pelles,
pioches, pics, siuieres, brouettes, sacs, hottes, &c.
& pour le bois à faire des lits d'artillerie, gabions,
saucisses, mantelets, pontons, &c. & de viures en
abondance. Et la quantité de tout cela se doit me-
surer par l'vsage des soldats, l'vsage du canon, &
le temps que pourra durer le siege, qui se peut iuger par la proportion de vos forces auec celles de
vostre ennemy : par les qualitez des ouurages de
la place, auec le nombre de vos munitions & artillerie, par la garnison auec le nombre de vos gés
de guerre: par la situation de la place & par le secours qui luy pourroit venir, auec le moyen que
vous aurez de la boucler, empescher son secours,
& facilliter le cours des viures en voste camp: par
sa distance auec les moyens d'y conduire l'armée.

E

par la qualité du terrien, auec les commoditez
que vous auez d y faire vos approches.

Et pour ce que souuent il suruient des accidens
qu'on n'a pas preueu, comme vn secours inopiné,
vne inondation & rauage d'eau, vn changement
de saison, vne mutinerie chez soy, ou la côtagion.

Il faut auoir pourueu à la retraicte, afin qu'e-
stant contrainct on la face commodement & fa-
cilemét sans desordre si on peut, car de là despend
l'honneur ou le deshonneur, le profit ou le dommage de l'assaillant.

Durant le siege il faut obseruer plusieurs choses
auec bon ordre & principalement celles cy. Premierement il faut enuironner & serrer la place, s'y
retranchant tout autour, se fortifiant tant contre
le secours que contre les sorties de la ville, en sorte que personne ny puisse entrer ny sortir, choi-
sissant vn lieu propre pour asseoir l'armée, pour
faire le champ de bataille, & loger vos quartiers,
& faire la place d'armes d'iceux. Ayant esgard que
ces quartiers soient asseurez auec de bons retranchemens & des forts bien flanquez & bien gardez dedans contre les sorties, & dehors contre
ceux qui viendroient secourir la place ou incommoder l'armée : qu'ils soient commodes pour receuoir & conseruer les munitiôs, pour les factions
& executions. Il faut disposer les approches, pous-
ser & ouurir des tranchées, se faire chemin pour
arriuer seurement là où l'on veut asseoir la batterie, obseruant qu'elle soit courte le plus que l'on
pourra, couuerte, fidellemét gardée de bon nom-

bre d'hommes, ayant aſſez d'eſpace pour leurs
entre-deux, & pour leur recul, & qu'elles battent à plomb, que les tranchées ſoient amples,
larges, profondes, non embouchées, bien flanquées,& deffenduës de forts plus ou moins, ſelon
la force de la garniſon qui eſt dedans la place &
ſelon le temps que pourroit arriuer le ſecours.
Durant le temps que vous percez la contr'eſcarpe & que vous faites voſtre gallerie de pieces de
bois debout, dreſſez au deſſus la platte forme le
lict de l'artillerie, pour enleuer tous les parapets
& deffences, afin qu'auſſi toſt qu'elles ſeront enle-
uées vous perciez la contr'eſcarpe, & meniez la
gallerie iuſques à ce que vous l'attachiez au baſtion commençant la ſappe & la mine : que s'il la
faut forcer par l'artillerie, diſpoſez là en ſorte
qu'elle deſcouure commodemét le lieu que vous
pretendez battre, qu'elle ſoit libre en ſes pieces,
embraſſeures, munitiõs, gardes & officiers, qu'elle
ne ſoit expoſée à l'artillerie de l'ennemy, ou l'e-
ſtant qu'on la couure auec des trauerſes & gabions, creuſer au deſſous ſi on craint des mines,&
la retrancher autour, pour obuier aux ſorties de
ceux de la ville, la garnir de blindes, planches &
mantelets, contre les grenades & perriers, & ne
l'approchant pas auſſi par trôp pour obuier aux
feux d'artifices & grenades, faites la batterie furieuſement & auec bon ordre, frappant enuiron
d'vne toiſe pres le fondement de la muraille, la
perçât en diuers endroits, puis apres croiſer la batterie pour eſbranler le mur: la breſche eſtant faite

il la faut recognoiſtre par des hommes choiſis à
cet effect , auec vn pot de teſte à l'eſpreuue du
mouſquet, & vn rondache percé d'vne fente fort
longue & d'vn autre qui la croiſe. La breſche doit
eſtre acceſſible & non trop droite, capable de pluſieurs aſſaillans ayant tous ſes flancs rompus, hauts
& bas; que les ſoldats qui doiuent donner l'aſſaut
montent auec bon ordre, aſſaillent furieuſement,
combattent opiniaſtrement , & faudra qu'ils ſoiét
repouſſez par ceux de dedás, ou qu'ils demeurent
maiſtres de la place; s'ils ſont repouſſez par la ſeu-
le valeur de l'ennemy, en ce cas ſans dilayer ou les
laiſſer reſpirer, il faut recharger de nouueau auec
nouuelles gens, & en plus grand nombre, tant de
fois que l'on entre par force : car n'ayát à combattre que contre des hommes ce ſeroit honte que
plus grád nombre de frais & repoſez ne les forçaſ-
ſent. Si quelque retranchement & nouuelle fortification faite par ceux de dedans a retenu les aſſaillans de paſſer outre, en ce cas ſi ceſte fortification eſt foible, il la faut forcer auec la ſappe, & mine, eſchelles, feux & grenades, que ſi elle eſt forte,
il ſe faut loger ſur la breſche, & ſoudain recom-
mencer la ſappe & la mine, & approcher & trainer
quelque piece d'artillerie ſur la breſche.

 Ce·pendant qu'on execute les choſes ſuſdites
l'on incommodera les aſſiegez en toutes les ma-
nieres que l'on pourra, comme en les tentant de
trahiſons, leur faiſant conſumer inutillement &
toſt leurs munitions , rompre le cours de leurs
eaux, faire des feintes batteries, confondre leur ſi-

gnals auec des femblables, fufciter entre eux des caufes de foupçon, donner force faux affauts, fe garder d'eftre affronté par les efpiõs, faire cognoi-ftre que rien ne vous manque pour mener le fie-ge à la fin, les incommoder & offencer auec feux, grenades, & artillerie: en leurs magafins, corps de gardes & places d'armes. En fin ne donner nul re-pos à l'affailly tant qu'on l'aye forcé, ou qu'on foit contrainct de fe retirer. Si on le force & demeure maiftre de la place, il faut donner le butin aux fol-dats, principallement à ceux de l'affaut, comme font les prifonniers & defpoüilles des ennemis, ayant toufiours les femmes & enfans en recom-mandation, pour les traitter doucement.

S'il eft commode & auantageux au vainqueur de conferuer la forterefse il faut qu'il la repare promptement, vuidant le foffé remply, explanant les tranchées ruinant les caualliers de dehors, ré-parant & releuant les brefches, remettant les eaux en leurs cours naturel, fi elles en auoient efté o-ftées, fortifier mieux la place qu'elle n'eftoit, s'il fe peut, la muniffant de garnifon fuffifante, de bons, fidelles, vaillans, prudens Gouuerneurs & Capi-taines, de viures, d'armes, de maneuures, d'inftru-mens mecaniques, & drogues d'Apotiquairie.

S'il n'eft auantageux de maintenir la forterefse il la faut faire demanteler, & rafer tout ce qui eft de la fortification, laiffans les maifons en leur en-tier, pourueu qu'à l'aduenir ils ne s'y puiffent ram-parer ny apporter aucun dommage.

E iij

S'enfuiuent les pratiques ordinaires d'affaillir les forterefses.

Premierement il faut tafcher d'auoir vn plan de la forterefse & de la campagne d'alentour, & eftre inftruict de fes munitions: fçauoir en la for-terefse, fa grandeur, fa capacité, l'amplitude & commodité de fes places & ruës, les fituations des magafins, maifon de ville, logis du Gouuerneur, fes ramparts & murailles, leurs hauteurs, leurs ef-paifseurs, leur matiere, leur forme; la capacité, hauteur, & fituation des caualliers. Comme elle eft baftionnée, & fi les baftions font grands ou pe-tits, noyez dans le fofsé ou fort, releuez, dominez ou dominans, mousses ou pointus, fans orillons & cafemates, ou auec orillons & cafemates, pleins ou vuides, de gorge eftroitte ou large, faits de ter-re ou reueftus, auec du mur de pierre ou de bri-que, minables ou non.

Si les cafemates font veuës de la campagne, fi elles font hautes ou bafses, fimples ou doubles l'v-ne fur l'autre; fi on le peut battre en droicte ligne ou par bricolle, & fi elles ont des fofsez au deuant pour receuoir les ruines de la batterie ou non.

La largeur & profondeur du fofsé, fi fon fonds eft de pierre ou de terre, ou de tuffeau, s'il eft fec, ou auec eau; ou en tout ou en partie.

S'il y a de fausses portes, en quel endroict elles font, & d'où peuuent eftre defcouuertes.

Si la contr'efcarpe eft de terre fimple, ou de mur

de pierre seche, ou à chaux & sable.

Si le chemin couuert de la contr'escarpe est large ou estroit, bien ou mal couuert, & flanqué, si son parapet est releué sur l'esplanade, ou enfoncé, s'il est de terre de transport, & meslé de vieille ruine, ou simplement de terre, & s'il est facile ou difficile à trancher, becher & percer.

S'il y a des faux-bourgs en la place, & si on s'en peut rendre maistre de plein abord, ou s'il les faudra battre d'artillerie.

S'il y a d'autres ouurages au dehors de la contr'escarpe, quels, & comment ils sont faicts.

Si l'esplanade d'alentour de la ville la domine, ou si c'est rase campagne, ou si elle est dominée, si elle est marescageuse ou seiche, si elle est de roche ou de sable, ou de tuffeau, & s'il y faut aller par trauerses ou par tranchées, & si elles sont faciles ou difficiles à faire, & s'il y a autour du bois pour s'en seruir à faire des gabions, saucisses & autres choses. S'il y a lieu propre pour asseoir le camp à couuert de l'artillerie de la ville, ou si on se peut camper proche à cause de quelque faueur, ou en se couurant de trauerses, ou si l'on sera contraint de se tenir au coin, s'il y a riuiere & quelle, si on la leur peut oster ou non, si on s'en peut seruir, ou craindre d'en estre inondé, si elle est gueable ou nauigable, en quelque saison, ou tousiours.

Si la situation de la place est proche ou esloignée des autres de son party, si elle en peut receuoir du secours & des munitiõs, ou tost ou tard, & si on le peut empescher, ou non, & comment. Sça-

chant tout cela, il faut estre instruict des munitiõs
de la ville, du nombre de la garnison, combien à
cheual, quels chefs, quels soldats, combien d'artillerie, tant grosse que menuë, quelles poudres, cõ-
bien fortes, & combien : quels ingenieurs, quels
faiseurs de feu d'artifice, & quels canonniers, s'ils
sont vnis dans la place, ou s'il y a de la diuision.

Le General estant bien informé de tout cela,
s'estant resolu à forcer la place par ce qu'il le iuge
pouuoir faire, enuoyera sa Cauallerie legere ra-
uager & faire le degast tout autour d'icelle &
prendre des prisonniers, pour s'informer plus
clairement de l'estat du lieu.

Menera son camp pres de la ville pour le leur
faire voir en bataille, fera poursuiure furieusement ceux qui seront sortis de la place pour escarmoucher, & par ce moyen recognoistra la place,
les bastions, le fossé, la contr'escarpe, & les autres
ouurages.

Placera son camp au lieu le plus asseuré des
traicts de la ville, au meilleur air, où il y aura plus
de commodité d'eau (& de bois s'il se peut) & plus
belle situation pour faire la place d'armes.

Ordonnera les quartiers de son armée & fera
bien retrancher & garder le tour d'iceux, tant
contre le secours que contre ceux de la place.

Il n'aura pas tant d'esgard à attaquer la place
par le lieu plus foible d'icelle, qu'à la commodité
& asseurance de son camp, & de ses logements,
communement on fait les approches de ces co-
stez-là.

Les tranchées ne doiuent pas commencer plus
près de la place que la portée de l'arquebuse à
croc, ou au moins du mousquet, les conduisant en
sorte qu'elles ne soient veuës au long ny enfilées
de la ville, qu'elles soient larges & profondes,
bien flanquées & garnies de forts, couurant de
claies celles d'approches qui sont subiectes aux
grenades & perriers.

Le lieu de l'artillerie destiné pour enleuer les
flancs hauts & les parapets, doit estre eleué de telle hauteur qu'elle les domine; mais celle qui doit
faire la bresche & abbattre les murs, doit estre en-
terrée dans la contr'escarpe battant le mur à fleur
d'eau, s'il y en a, ou à vne toise haut par dessus le
plan du fossé, s'il est sec: la premiere se place au
temps qu'on commence les tranchées des approches pour les fauoriser, & l'autre quand on mene
la gallerie pour percer la contr'escarpe, ceste batterie fait la bresche, & enleue & ruine les flács bas.
Durant que ceste batterie se fait on perce la contr'escarpe, & tient-on les pontons, ou le bois pour
les galleries, prest pour les conduire iusques au
pan du bastion, & aller à l'assaut apres auoir fait la
bresche, ou pour aller sapper & miner le pan du
bastion, & s'y loger en cas qu'on ne puisse passer
outre, & l'emporter de force.

Il faut loger la mousquetterie dans les tranchées, & sur tout en celles qui sont au long de la
contr'escarpe, en façon quelle deloge tout ce qui
pourroit paroistre de la ville, tant sur les courtines
qu'aux casemates.

Il faut touſiours faire la breſche aux pans des
baſtions pres de leurs pointes, ſi quelque auantage ne vous incite à faire autrement.

Les entrées des galleries au foſſé doiuent eſtre
les plus eſloignées des flancs qu'on peut, mais en
telle ſorte quelles ne ſoient veuës que d'vn flanc,
tant plus il y a de galleries tant meilleur il eſt.

Faites iouër vos grenades dans le milieu des baſtions ſi continuellement que vous les empeſ-
chiez d'y faire aucun trauail, ny d'y pouuoir aſſeoir leur garde.

Si le foſſé eſt plein d'eau il le faut vuider ou
paſſer auec des ponts flottans ou bien auec des
galleries.

On le peut vuider quand il y a pres de la place
quelque lieu plus bas que le foſſé, en perçant la
contr'eſcarpe & donnant cours à l'eau vers ce lieu
là, ou bien l'on fait vn foſſé, & l'on perce la contr'eſcarpe pour y faire venir l'eau, laquelle l'on
vuide par des pompes, ou l'on fait des ponts flottans auec des tonneaux ou des fais de liege. Que
ſi le foſſé n'eſt gueres profond l'on y fait des galleries auec des ſauciſſes qu'on plante de pointe dans
le foſſé, leur deſrobant vn peu le pied: ces ſauciſſes
ſont des fagots faits de brouſſaille ou menu bois,
longs de quinze à vingt pieds, & gros d'vn pied
de diametre, tous farcis de moëlon afin qu'ils ne
nagent ſur l'eau, puis on met au deſſus de ces ſauciſſes des claies ou des planches.

Si le foſſé eſt ſec & de terre il y faut faire des tranchées, communément à celuy qui eſt ſec ſi l'on a

fait brefche on n'y fait ny tranchée ny gallerie, mais on ofte tous les flancs pour le paffer affeurement, & l'on fe couure de claies ou brouffailles ou gabions. Si l'on force la place pied à pied & que le foffé foit de roc, il faut faire vne trauerfe dans le foffé auec des fauciffes ou auec force gabions, ou des facs de toille pleins de terre.

Ayant paffé le foffé on donne l'affaut fi la brefche eft fuffifante ou mal retranchée, ou bien on fe loge au pied du baftion & vient-on à la fappe & à la mine, & felon leur effect on affaut, on s'auance, & on fe loge.

Si le retranchement des affaillis eft grand, ferme & fort, ayant gaigné le baftion il y faut auancer & loger l'artillerie, & faire la batterie la plus prompte & violente qu'il fe peut.

Il n'y a rien qui eftonne tant l'affailly qu'vne furieufe & prompte batterie : car il n'a pas loifir de fe retrancher, & ne fçait où fe ranger pour fe couurir.

Cela fatigue & incommode tres-fort les affiegez quand ils font affaillis par trois ou quatre diuers baftions aux trois ou quatre coins de la ville, ils en font en continuel foupçon, ils ont leurs forces des-vnies, ils ne peuuent obuier aux feintes, les trauaux en font fort gráds, & les gardes beaucoup plus penibles & infupportables ; outre que chacun fe defie de l'autre garde, brefche, retranchement, & du deuoir à fe bien deffendre.

Cela incommode auffi bien fort les affiegeans, car leurs forces font des-vnies, leurs quartiers fót

esloignez, ils sont en danger d'estre mal menez
par les sorties ou par le secours estans ainsi escar-
tez.

Les plans suiuans facilliteront l'intelligence
de ce chapitre.

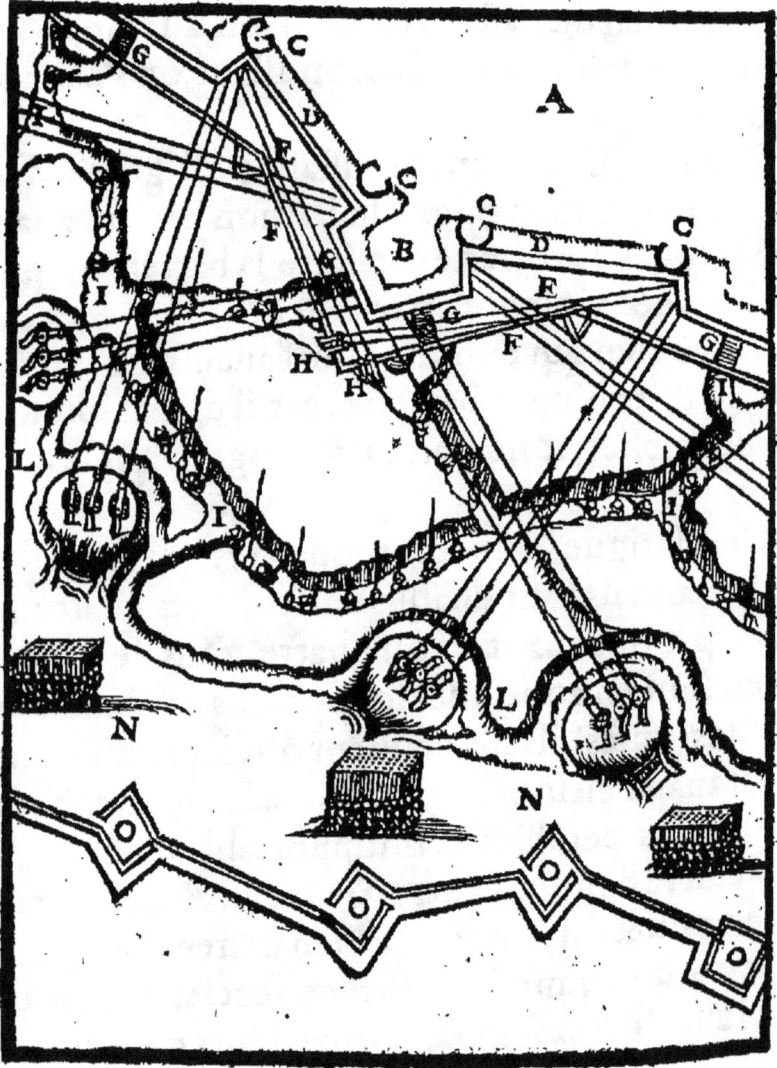

A. La ville.
B. Les baſtions.
C. Les caualliers.
D. Le rampart.
E. Le foſſé.
F. La contr'eſcarpe.
G. Les galleries du foſſé.

H. L'artillerie enterréé pour enleuer les flancs bas.
I. Les tranchées.
L. Les caualliers,
N. La place d'armes,
O. Les tranchées contre le ſecours.

S'enſuit le plan de l'aſſiette du camp du Roy d'Eſpagne deuant Oſtende, du quartier du fort d'Albert, auec les tranchées iuſques au bout des dunes.

1601.

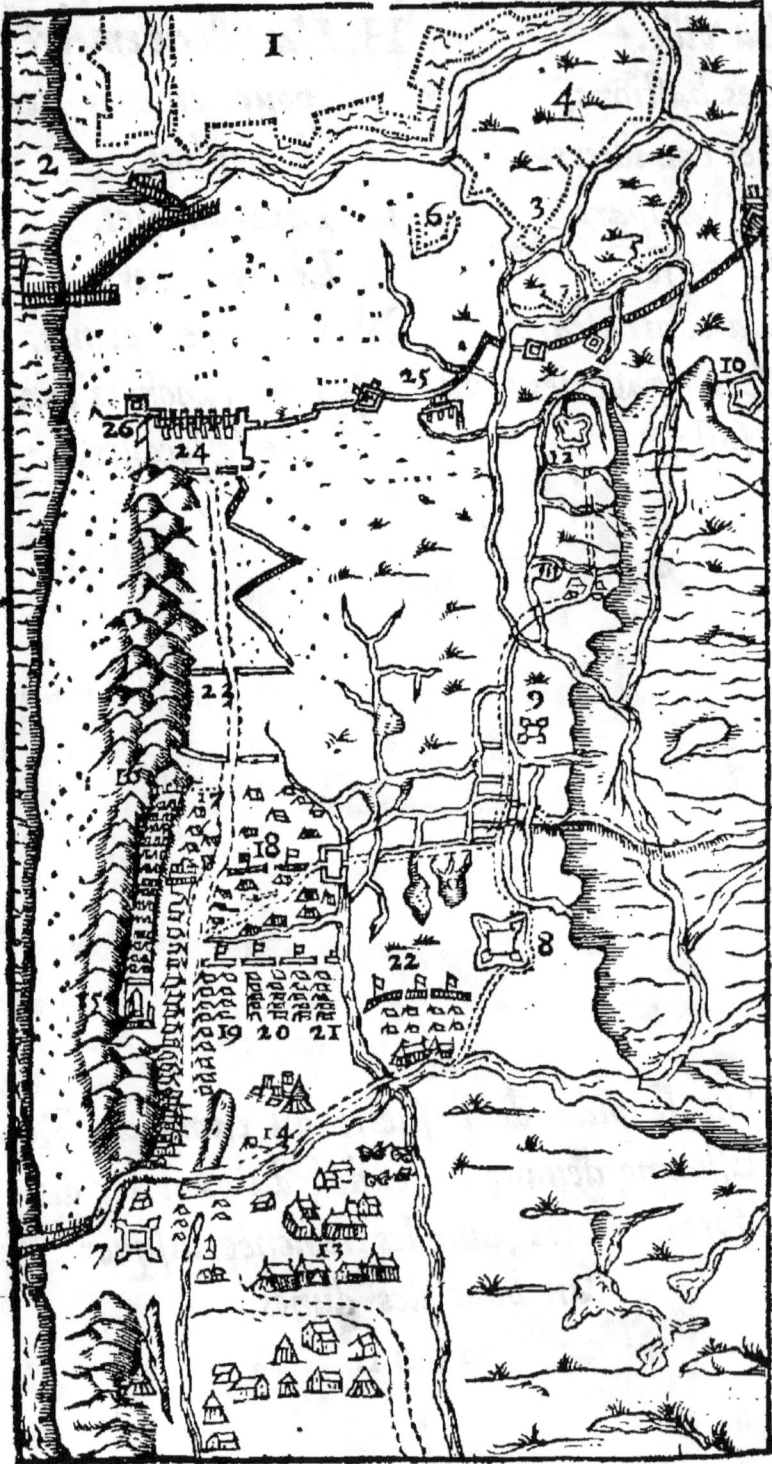

Description des ouurages de la ville.

1. *La ville.* 2. *Le havre.*
3. *Le fort des vaches.*
4. *Le grand poldre gardé des Anglois.*
5. *Les petits poldres.* 6. *Redoute.*

Les forts qui la tenoient bouclée.

7. *Le fort d'Albert.* 8. *Le fort saincte Elizabeth.*
9. *Le fort saincte Marie.*
10. & 11. *Les forts du Comte Frideric.*
12. *Fort saincte Anne.*

L'assiette du Camp.

13. *Le quartier de la Cour.*
14. *Le port des fascines & saucisses.*
15. *L'arsenac.*
16. *Les Espagnols sortis de Gand, & au derriere d'eux suiuoient les regimens de Simon Antonio, de Louys de Vilar, de Riuas, des Bourguignons & des Vualons, de Catrice, & de la Borlotte.*
17. *Les Irlandois.*
18. *Les Espagnols sortis de Cambray.*
19. *Les Vualons du Comte de Fresin.*
20. *Le regiment du Baron d'Achicourt.*
21. *Le regiment de Dom Alfonce d'Alualos.*
22. *Le regiment du Comte Triuulse.*
23. *Les gardes de la Cauallerie.*
24. *La batterie deuant la place d'armes.*
25. *Les tranchées de saincte Anne.*
26. *Les forts de Catrice.*

Plan des tranchées faites deuant Oſtende depuis
le bout des dunes du coſté du fort d'Albert,
iuſques à la platte forme.

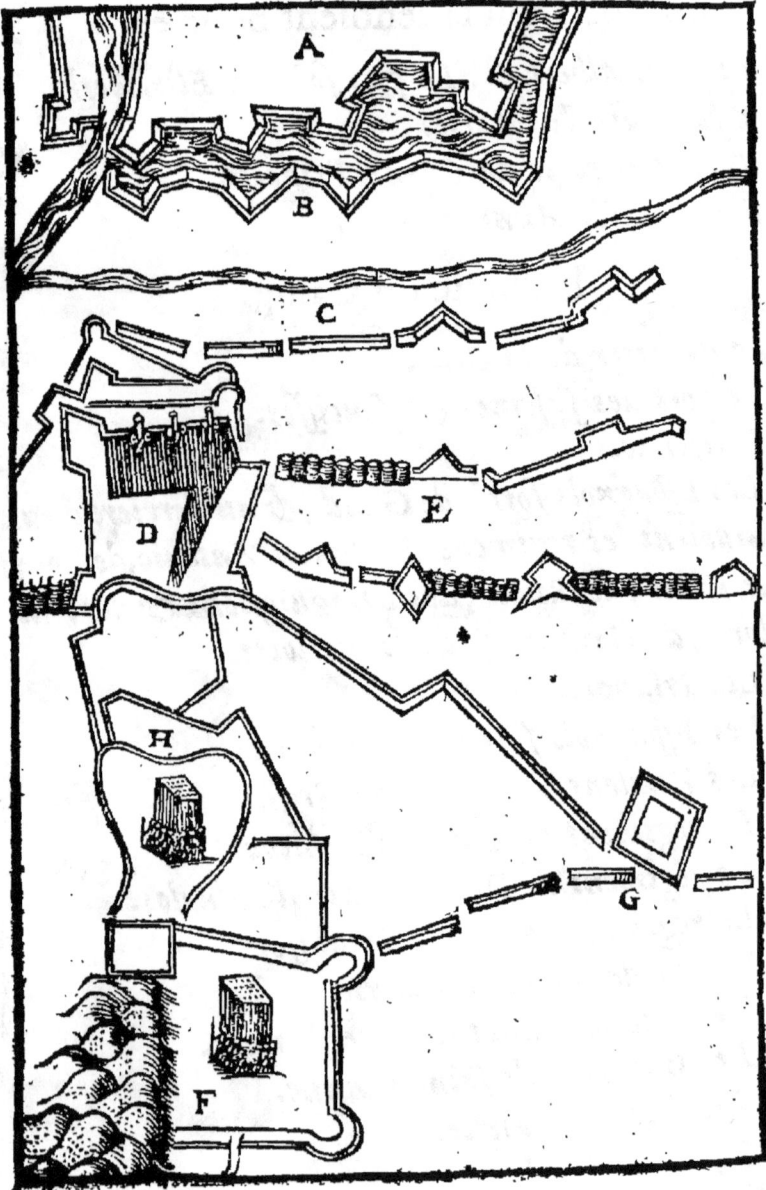

A. L4

A. La ville.
B. La contr'escarpe.
C. Le canal de deuant la contr'escarpe.
D. La platte forme.
E. Les tranchées tirans aux poldres.
F. La place d'armes.
G. La grande tranchée.
H. Les galleries qu'on faisoit auec des saucisses
    pour approcher pied à pied la ville.

F

Plan des tranchées faites deuant Ostende depuis la platte forme iusques à la ville.

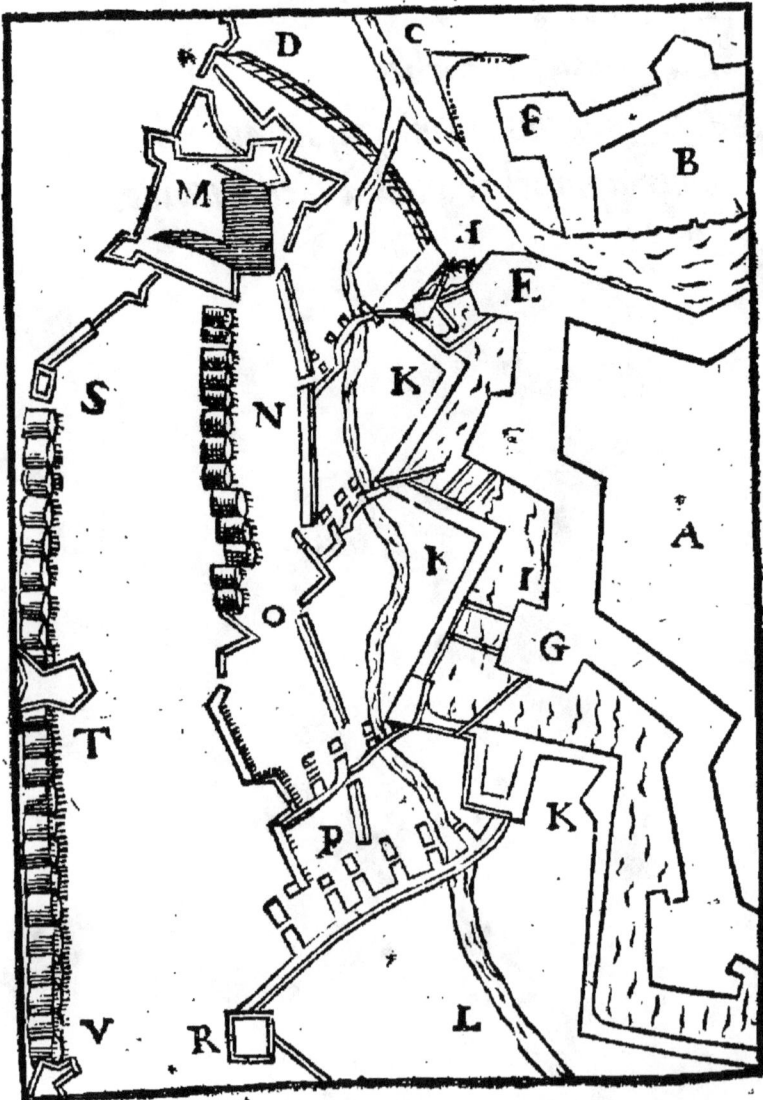

A. *La nouuelle ville.*

B. *La vieille.*

C. *Le vieux port.*

D. *La digue.*

Æ. *Baſtion du Sandil.*

E. *Baſtion d'Helmont.*

F. *Baſtion d'Oüeſt.*

G. *Baſtion de Poldre.*

H. *L'eſcluſe pour retenir l'eau au foſſé.*

I. *Le foſſé.*

K. *La contr'eſcarpe.*

L. *Canal deuant la contr'eſcarpe qui vient du port.*

M. *La grande platte forme.*

N. *Les approches des Eſpagnols tirants à la pointe de la contr'eſcarpe, appellée porc-eſpi.*

O. *Les approches des Italiens.*

P. *Les approches des Bourguignons & des Vualons.*

R. *Le fort des Vaches.*

S. *Redoute de ſainct Martin.*

T. *De ſainct Auguſtin.*

V. *De ſainct Iacques.*

Plan du siege de Rimberg faict par le Marquis de Spinola, l'an 1606.

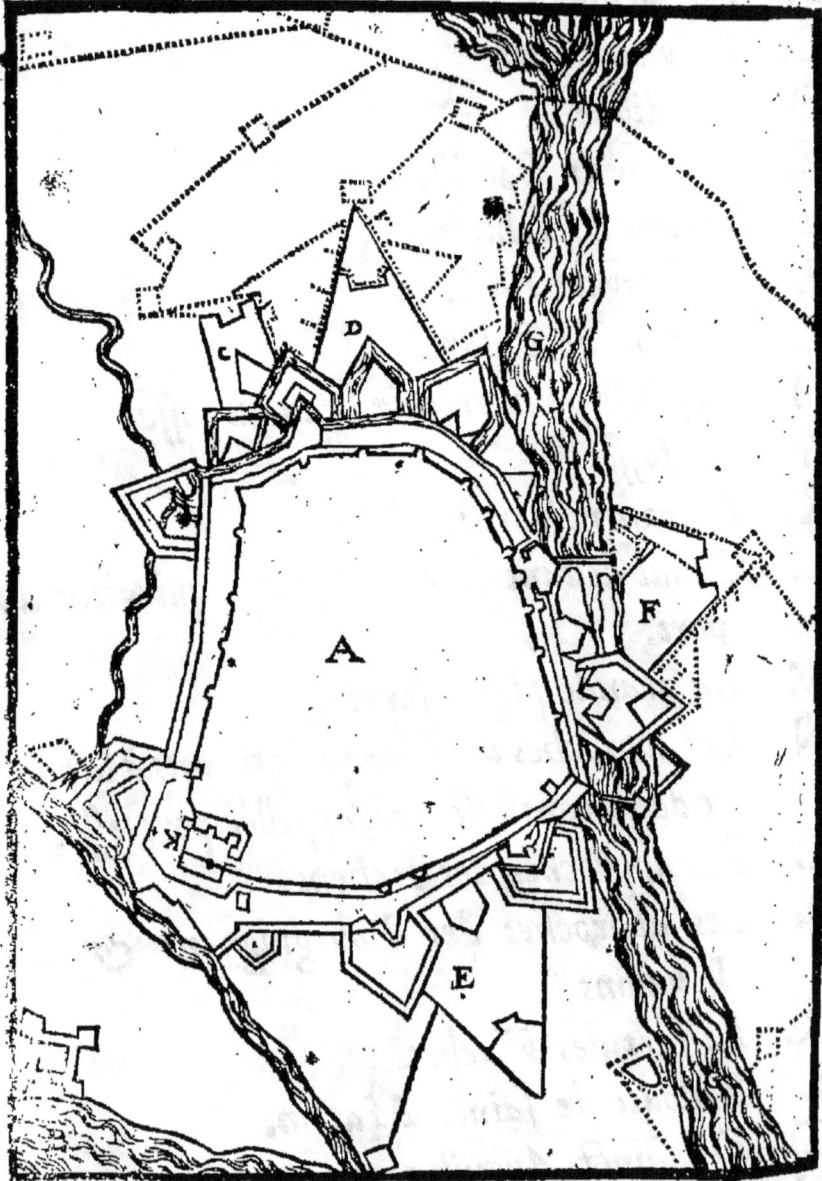

A. Est la ville.   B. La riuiere du Rhin.
C. D. Le quartier des François.
E. Le quartier des Anglois.

F. *Le quartier des Frisons.* G. *Le Marais.*
K. *Le chasteau de la ville.*

Les lignes monstrent les ouurages de la ville, & les poincts marquent les approches des Espagnols.

Plan du siege de Iulliers. 1610.

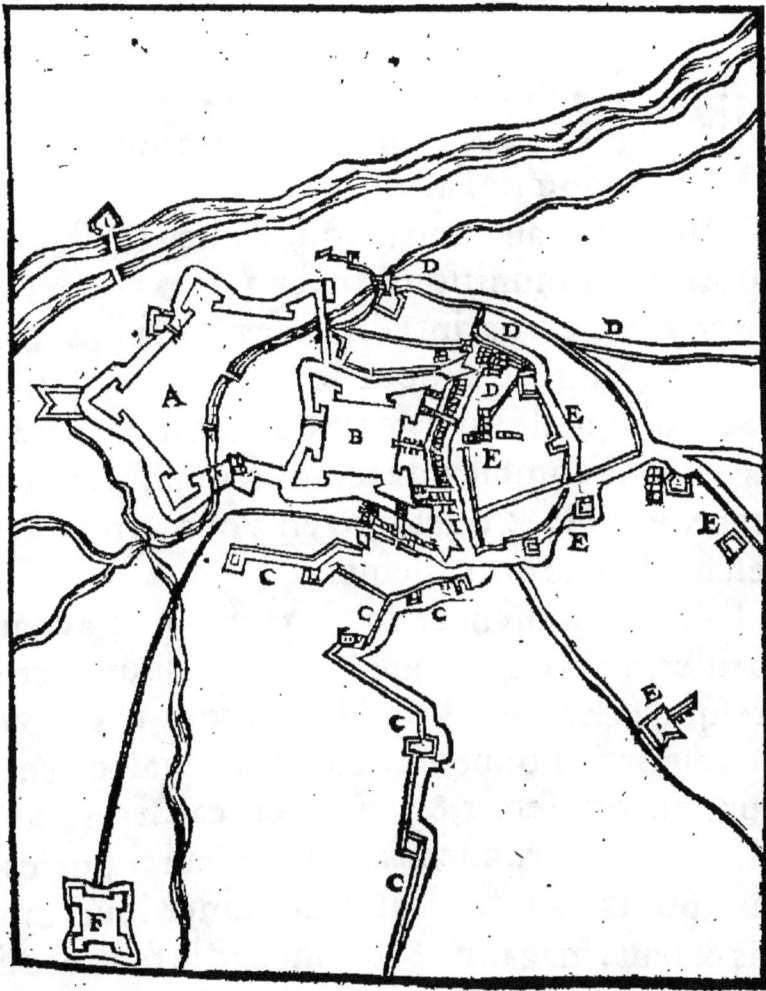

A. *La ville.* B. *Le chasteau.* C. *Les tranchées du Prince d'Enhalt.* D. *Les tranchées des François.* E. *Celles du Prince Maurice.*

F iij

DE LA PRISE DES FOR-
tereſſes par la famine.

CHAPITRE VIII.

ON appelle prendre les fortereſſes par famine quand par faute de viures elles ſont contraintes de ſe rendre au pouuoir de l'aſſaillant.

Il faut donc auparauant que l'aſſieger eſtre bien informé des munitions qu'il y a dans la place par le moyen de vos intelligences & eſpions, tant pour le manger que pour le boire.

Sçauoir quelle bourgeoiſie & garniſon il y a, & iuger par là combien de temps leur pourront durer les viures, & quel moyen vous aurez d'empeſcher leur reuituaillement.

Il faut commencer le ſiege vn peu auant la cueillette, pour ce que leurs prouiſions ſeront preſque acheuées, & qu'ils n'auront pas moyen d'en auoir de nouuelles, faiſant le degaſt de ce qui leur pourroit ſeruir, & leur oſter l'eau ſi on peut.

Il faut rompre auec l'artillerie leurs portes & leurs ponts, & taſcher auſſi de ruiner leurs moulins & leurs magaſins, & d'y mettre le feu auec des bales ardentes.

Il les faut ſurprendre quand on les veut aſſieger de peur qu'ils ne mettent hors les bouches inutiles, & qu'ils ne taſchent à ſe munir.

Il faut auoir beaucoup de Cauallerie en vos forts, pour eſtre le maiſtre de la campagne, & battre touſiours l'eſtrade.

Il faut ſerrer la place tout autour auec des tranchées garnies de pluſieurs bons forts à ce qu'elles puiſſent empeſcher le reuituaillement, & ſouſtenir l'effort d'vn ſecours s'il eſt à craindre. Comme fit le Prince Maurice deuant Gertrudemberg, l'an 1593. deuant Graue l'an 1602. & deuant l'Eſcluſe l'an 1604.

Plan de Graue affiegée par le Prince Maurice.

A. *La ville.* B. *Les tranchées qui la bouclent.*
C. *Les tranchées contre le fecours, auec des redoutes*
autour. G. *Les tranchées d'approche.*
E. *Le quartier du Prince Maurice, & de l'autre cofté*
de la riuiere celuy du Comte Ernefl.
D. *Le quartier du Comte Guillaume.*
F. *Celuy du Coronel Veer.*
H. *Les tranchées du fecours des Efpagnols.*

Plan de l'Ecluse assiegée par le Prince Maurice.

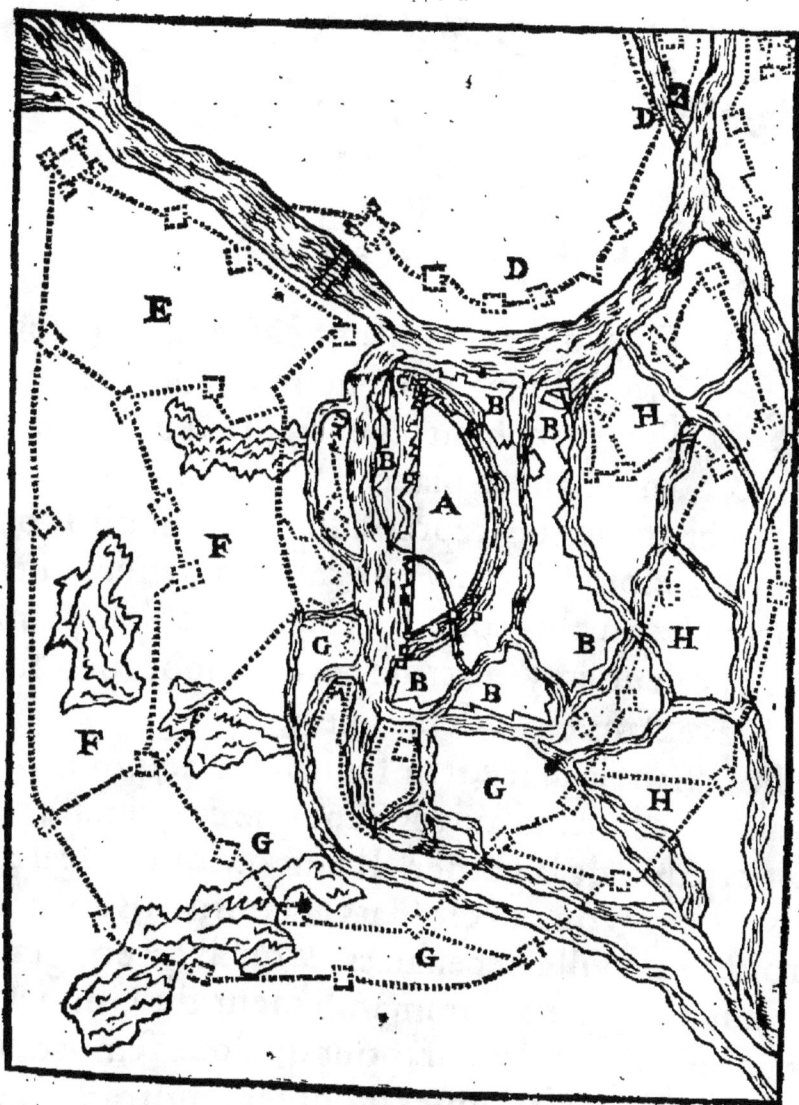

A. La ville. B. Ses ouurages. C. Son chasteau.
D. L'Isle de Cassan auec les tranchées des Hollandois
qui font marquées de poincts par tout ce plan.
E. Le quartier du Prince Maurice. F. Du Comte
Guillaume. G. Du Comte Ernest. H. Des Coro-
nels Dort, & Vanden Noot.

DE LA DEFENCE DES

forteresses contre le petard, & autres
surprises & trahisons.

CHAPITRE. IX.

Evx qui veulét s'empefcher d'eftre fur-
pris doiuent auoir deux confiderations,
l'vne touchant les entrepreneurs, l'autre
touchant la place.

Touchant les entrepreneurs il faut auoir fi on
peut des efpions parmy eux, au moins tenir des
fentinelles au plus loin de la place que l'on peut,
afin que l'ennemy n'arriue pas à l'impourueu fur
les bras & fans eftre defcouuert.

Touchant la place, il ne faut pas la defpouruoir
pour en fecourir d'autres, tant que ce qui refte ne
foit capable de la garder. Il faut ordonner le lieu
des rendez-vous aux foldats & bourgeois aux endroicts de la ville neceffaires, & qu'ils ne bougent
de leur place fans commandement du Gouuerneur ou Sergent Major, pour quelque feinte que
l'ennemy face d'attaquer en diuers endroicts, ne
s'eftonnant ny troublant de rien. Les logis du
Gouuerneur & Sergent Major doiuent eftre fur
le milieu de la ville pres de quelque grande place
qui fera la place d'armes de la ville. Il faut auoir
des chaines de fer aux quarrefours des ruës qui
font deuát les portes de la ville, percer des canon-

nieres les faces des maisons qui regardent les portes : asseoir vn corps de garde en la place d'armes,
vn autre au milieu du fossé deuant le pont en forme de colombier, auquel on entre par vn petit
pont-leuis : vn autre sur chasque porte de ville,
ausquels on ne puisse entrer que par vne planche-
coulisse, & d'autres tout autour des murailles as-
fez proches entr'eux, & garnis de soldats plus ou
moins selon la grandeur du lieu, & selon le danger.

Le corps de garde de la place d'armes a la charge
de faire faire les rôdes, contre rondes, & patroüille, & ceux des murailles de poser leurs sentinelles
qui doiuent estre si proches l'vne de l'autre qu'elles se puissent entendre parler, & sur tout aux angles & esgouts. Il faut mettre au dehors de la place des sentinelles perduës, & c'est la charge du
corps de garde qui est au dehors deuant le pont;
s'il y a vne motte de terre étre deux fossez autour
de la place il y faut poser des gardes la nuict, car
c'est vn tres-asseuré remede contre les surprises,
comme il se peut veoir en la figure suiuante.

Plan du fort de sainct André que le Roy
d'Espaigne fit faire au païs bas en l'Isle
de Bomel, l'an 1599.

A. Eſt le fort.

B. Le premier foſſé.

C. Le ſecond.

D. La motte entre les foſſez, garnie de corps de gardes aux angles.

E. La riuiere du Vual.

F. La riuiere de Meuſe.

G. Vne palliſſade au milieu du ſecond foſſé.

H. Deux rauelins, auſquels l'on faiſoit garde la nuict.

Les portes & ponts doiuent eſtre flanquez de deux coſtez, & du deſſus par des machicoulis, leſquels doiuent eſtre aſſez larges pour ietter par là de l'eau, des ſoliues, des pierres, des grenades, pour eſteindre le feu du petard, l'abbattre, & tuer les petardiers. Mais non pas ſi larges qu'on peut faire des ſurpriſes par iceux, & y donner l'eſcalade : quelques vns y mettent vne herſe ſuſpenduë à vne corde, qui eſt fort propre pour abbattre les petards.

*La construction des portes aux fortes villes ram-
parées doit estre telle A. la pallissade auec ses barrieres. B. le pont Dormant. C. la bacule. D. le
pont à Trebuchet (il seroit meilleur de le mettre être
les deux tours. G. sans autre appuy que celuy de
son piuot dans la muraille) E. le corps de garde
planté dans le fossé. F. le pont à flesches. G. vne
herse, si le fossé est sec il y faut faire les deux pallissades. H. & enfoncer le petit fossé. I. iusques à
l'eau, au moins fort auant. K. est le rampart.
L. la contrescarpe. K L. la largeur du fossé.*

Si on met des demy-lunes au deuant des portes
des villes, elles en seront plus fortes & mieux
couuertes de la campagne.

Il faut tenir vne piece d'artillerie legere mais
qui ait grand calibre au corps de garde de la place,
laquelle doit estre chargée de cartouches & blo-
cailles, pour la conduire vers le lieu où l'ennemy
donne.

Les fossez doiuent estre profonds ayans vne
pallissade au milieu, ceux qui ont de l'eau ne doiuent estre pleins; car cela facilite les pontons pour
les surprises.

Les courtines & les faces des bastions doiuent
estre enfilées des flancs de la ville, mesmemét des
flancs bas, afin que le canon puisse raser d'vne volée toutes les eschelles qu'on y voudroit dresser.

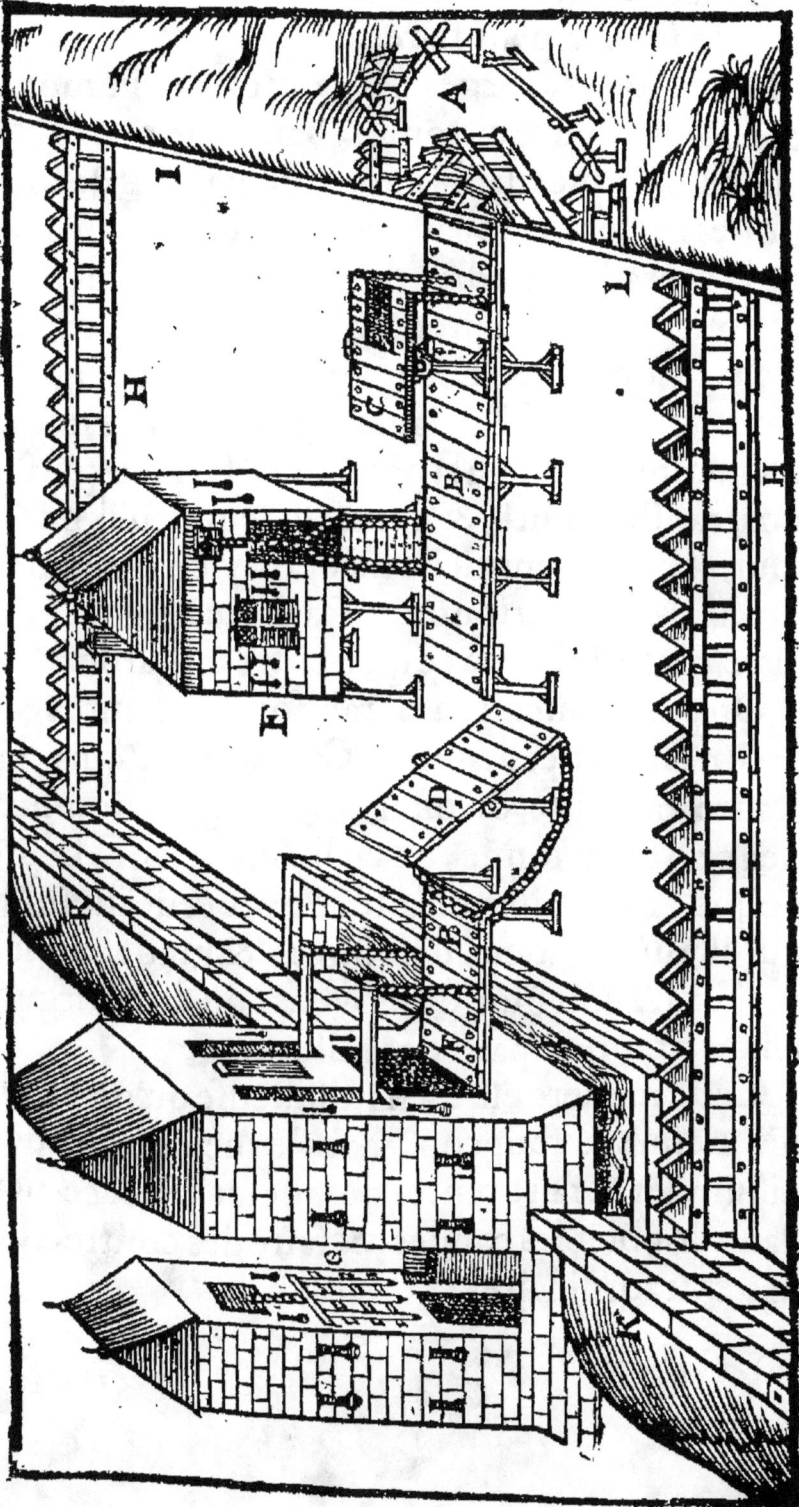

Porte de ville asseurée contre les surprises.

Les courtines doiuent estre hautes & hors d'escalade si on le peut faire.

Les entrées & sorties des eaux ou des immondices doiuent estre estroittes, basties de pierre & de chaux, obliques dans la muraille, barrées de fortes grilles de fer, ayant au droit de la sortie au dessus de la muraille vn corps de garde, ou sentinelle.

Pour se bien asseurer des portes & des murailles c'est qu'il faut faire bonne garde, diligente, forte, & bien assise, il faut poser celles des murailles incontinent que la porte sera fermée plustost qu'il ne soit nuict, & ne la faut leuer qu'il ne soit iour, & que la sentinelle du befroy en ait sonné le signal, & que personne ne sçache le lieu où il doit estre placé iusques à ce qu'il entre en garde.

On peut remedier à la trahison sçachant la cause : or elle procede ou du Gouuerneur qui a mal traitté, mesprisé, ou offencé le soldat en son honneur, en sa personne, ou en ses moyens, & l'a prouoqué à mauuaise volonté : ou procede du soldat qui est ou ambitieux d'honneur & grade, ou auaricieux d'auoir plus de moyens ; ou du bourgeois estant tirannisé par la garnison.

Ceste matiere est si chatoüilleuse qu'on en punit mesme le soupçon, mais le meilleur est de le dissimuler & faire tenter durant iceluy, & ce-pendant doubler les rondes, & faire des contre-rondes extraordinaires.

DE

DE LA DEFFENCE DES FOR-
tereſſes contre les ſieges.

CHAPITRE X.

L A forterefſe aura refiſté à la force, quand s'eſtant bien deffenduë elle demeurera en ſa premiere liberté, pour ce faire tirez en voſtre place tout ce dont vous vous voudrez preualoir, & ruinez au dehors tout ce qui vous peut nuire, explanadant les maiſons, bois, fourrages, moulins, chemins creux, iardinages, fontaines, & tout ce qui vous peut battre en ruiné, & dominer les deffences.

Prenez garde que la place ſoit bien diſpoſée pour refiſter à l'effort de l'ennemy, qui eſt que les flancs ſoient haut ou bas, deſcouurent, & ne ſoiét deſcouuerts que par l'emboucheure, que les contremines ſoient bien diſpoſées & propres, que la contr'eſcarpe (qui eſt le bouclier de la forterefſe) ſoit flanquée, couuerte, & capable, que les caſemates ſoient aſſeurées, & bien couuertes, capables & commodes pour deſcouurir le plan du baſtion oppoſite, & dans le foſſé, que les fauſſes portes & chemins pour faire les ſorties ſoient aſſeurées, couuertes, baſſes & commodes : que les parapets ſoient de terre ou brique non cuitte, & que les licts de l'artillerie ſoient bien agencez & vnis, pour mouuoir facilement les pieces, & les remet-

G

tre en leur lieu, capables pour le mouuement des pionniers, des canonniers & pour contenir les munitions.

Le nombre des soldats de voftre garnifon fe iugera par la grandeur de la place, par le dehors que vous voudrez tenir, par le trauail des retranchemens que vous iugerez de faire, & par les forties qu'il faudra executer.

Le Gouuerneur doit eftre courageux, & expert de longue main à attaquer & fe deffendre, eftant du tout rompu & exercé en tels affaires.

Les foldats doiuent eftre choifis, refolus, amis du trauail, obeiffans & fidelles.

La quantité des prouifions tant pour les viures, pour la medecine, que pour les armes, fe mefurera felon le temps que vous iugerez que pourra durér le fiege, & leur qualité doit eftre.

Pour les viures de toutes fortes de grains, principalement de legumes, chairs fallées, poiffons fallez, fromages, beurres, graiffes, huiles, fels, d'eau douce en abondance, du vin, ou de biere, ou du cidre, vinaigres, chandelles, torches, gauldron, beaucoup de charbon, & force bois pour les fours, pour les corps de gardes, pour les fontes des pieces & pour les forges.

Pour penfer les bleffez & les malades, il faut des Medecins & Chirurgiens, auec des medicamens tant pour les maladies contagieufes, que pour les ordinaires, que pour les bleffeures, & beaucoup de vieux linges.

Quantité d'armes de deffence, comme corfe-

lets, taffettes, morions, & pots de tefte, des cuiraf-
fes, des rondaches, tant à l'efpreuue que fimples,
quantité d'armes offenciues, tant à pointes comme picques, lances, halebardes, qu'à feu, comme
artillerie groffe & menuë, mortiers grands & pe-
tits, moufquets, harquebufes à croc, harquebufes
ordinaires, cartouches, balles ramées, fimples, de
fer, de plomb, lanternes, fallots, mefches, poudre
fine, groffe & menuë grenée.

Pour les feux tant fimples que compofez, pour
les fimples poudre, falpetre ou felnitre, charbon
de faule, canfre, foulfre, refine de pin, huille petrol, huille de lin, huille d'afpic, vernis liquide, te-
rebêtine de Venife, alquitran d'Efpagne, poix noire, poix Grecque ou colofone, poix d'Efpaigne, cire, graiffe, vernis en graine, & maftic, fel Armoniac, fel commun, argent vif, vitriol, eau de vie, vinaigre & de l'encens, du bois en abondance, de vigne, de fapin, de pin, de cannes, de chanvre, de
laurier, d'oliuier, & autres bois gras & fecs. Pour
les feux compofez defquels on fe fert à l'affaut,
gouldrons, balles ardantes, grenades, cercles ar-
dans, lances & trompes à feu.

Bon nombre de maiftres fondeurs, armuriers,
charpentiers, maffons, forgerons, mineurs, falpe-
triers, poudriers, meufniers, charrons.

Des inftrumens pour faire les affufts d'artillerie, & bois d'arquebufes, pour tailler comme haches, farpes, ciés, coignées, doloires: pour coigner
comme maffes, marteaux, maillets, pieux de fer, &
de bois: pour efteindre le feu comme efchelles

G ij

seaux de bois & de cuir, tines mobiles, siringues, crochets de fer, pour manier la terre comme sarpes, pioches, siuieres, pelles, louchets, hoüyaux, broüettes, tombereaux, hottes, mendes.

Des bois pour les affusts, licts d'artillerie, pallissades, barricades, ponts, barques, fascines, clayes, gabions, pieux, sommiers, soliues, & soliueaux.

Metaux comme cuiure, estain, plomb, fer, laicton, bronze.

Materiaux à bastir, comme pierre, brique, chaux, mortier.

Quantité de toilles, de cordages, destouppes, des aiguilles, & du fil.

Il faut concerter quelques moyens auec ceux de dehors pour leur donner ordinairement des aduertissemens, quand vous seriez si estroictement serré qu'il faudroit auoir recours aux signes.

Lors que l'ennemy se presente pour commencer son entreprise & vous assieger, ayant son armée pour la diuersité des occasions à faire diuers mouuemens, vous taschérez de l'incommoder le plus que vous pourrez.

Durant le téps qu'il s'occupera à serrer la place, à prendre & coupper les passages, il pourra aduenir qu'en distribuant ses trouppes il en tombera quelqu'vne à vostre discretion, seruez vous alors du temps, de l'occasion, de l'assiette, de la commodité & faueur des trauaux, de vostre dehors ne l'abandonnant iamais que par grande contrainte.

Puis en ordonnant ses quartiers, en quoy vous aurez esgard qu'encor que durant ceste occasion

vous puiſſiez l'endommager, toutesfois s'il vous
ſembloit que luy laiſſant prendre aſſeurance vous
aurez moyen apres de l'offencer auec plus grand
effect, vous pourrez le differer iuſques alors, car
les incommoditez qui ſuccedent auec perte de ce
que l'on poſſede, apporte double dommage, ne-
antmoins il faut bien prendre garde de n'attendre pas tant qu'il ſoit fortifié, ſoit en ſes quartiers,
tranchées, ou en ſes logemens de munitions &
d'artillerie.

Quand il commencera ſes tranchées, qu'il fera
des platte-formes & licts pour aſſeoir ſon artillerie pour vous battre en ruine, empeſchez-le &
l'incommodez de toute voſtre puiſſance (ce que
difficilement vous ferez s'il a de la terre & du
bois) recognoiſſez les imperfections de ſes ouurages, s'ils ſont eſtroits, embouchez, deſcouuerts, mal flanquez, mal conduits, mal gardez, &
taſchez de vous en preualoir.

Attirez-le auec fauſſes apparences à vous aſſail-
lir par le plus fort le prenant pour le plus foible, &
ce par eſpions aſſeurez ſoubs le nom de fugitifs
ou refugiez, par lettres artificiellement eſcriptes,
& laiſſées ſurprendre.

Contraignez voſtre ennemy à commencer ſes
batteries & tranchées au plus loin de la place que
vous pourrez par quelques retranchemens faicts
au dehors, deffenduës de vos demy-lunes contr'eſcarpes & rampars; faites en façon que l'ennemy les gaignant il ne s'en puiſſe preualoir ny ſeruir contre vous, partant il faut que toutes les tran-

G iij

chées que vous faites au dehors de la contr'escarpe soient veuës & enfilées de long par les flancs
des rauelins ou de la ville, comme il se voit aux
plans suiuans.

Plan de Geneue. 1611.

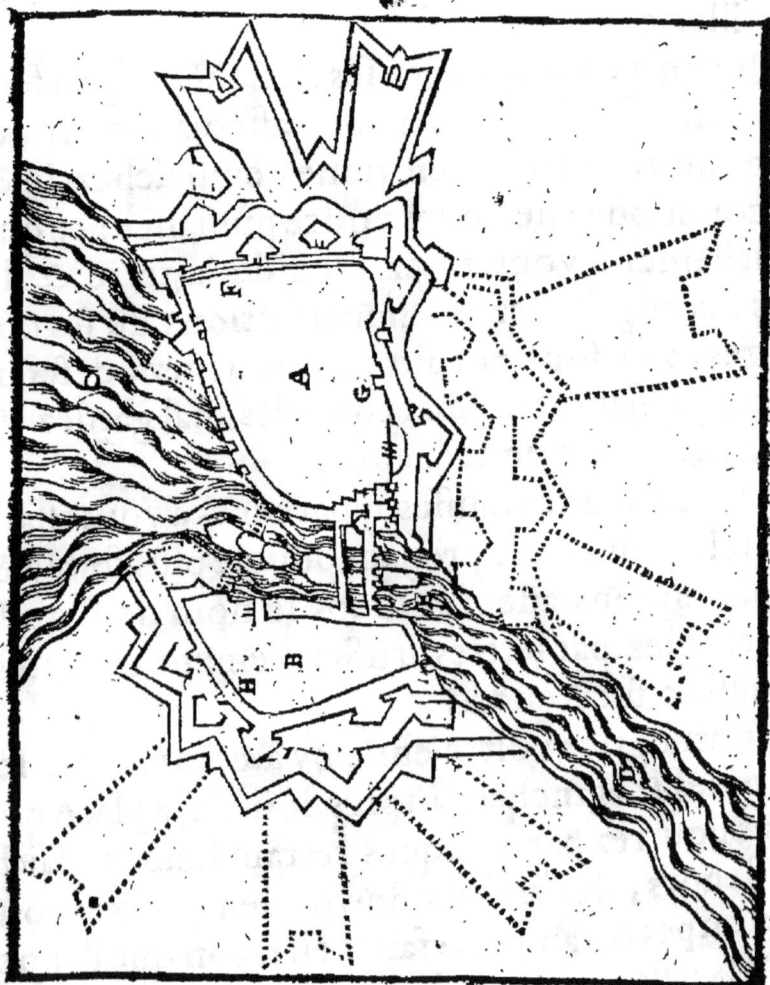

A. *La ville.*
B. *Sainct Geruais.*
C. *Le Lac.*
D. *Le Rhofne.*
E. *L'ifle & les ponts.*

Les lignes reprefentent les fortifications faites, & les poincts les deffeins de celles qui font à faire.

Plan de Iulliers fortifiée par le Comte Maurice depuis fa prife.

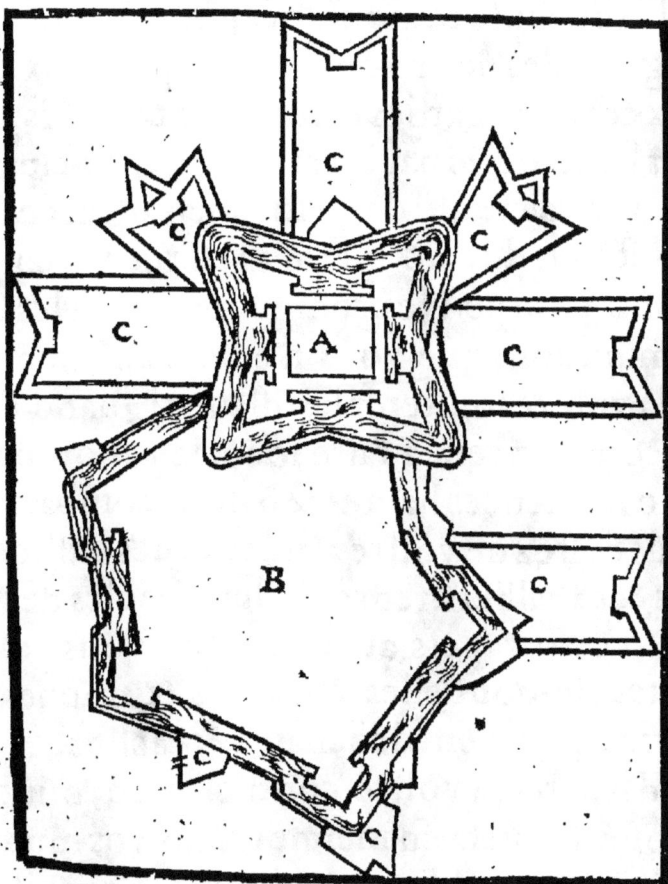

A. *Le Chafteau.* B. *La ville.*
C. *Le retranchement fait autour de la place.*

G iiij

Prenez bien garde à vos forties, au temps s'il est propre ou contraire à l'occafion, comme quand il eft moüillé, roidy de froid, ou qu'il dort, & qu'il eft laffé du trauail, ou quád la garde n'eft point en tel nombre, qualité & ordre qu'elle doit : foyez fous la faueur de voftre rampart & artillerie, allez en bon ordre & à l'impourueu par le moyen de vos fauffes portes & côtr'efcarpes, mettez les picques, halebardes & efpées à deux mains pour fouftenir, l'arquebufe & moufquet pour charger, les feux & grenades pour rôpre & diffiper ceux qui font aux corps de gardes & forts des trâchées, fauorifant l'infanterie par la cauallerie, principalement à la retraicte qui doit eftre bien affeurée, eftant fouftenus de ceux qu'on a referuez & laiffez fur la contr'efcarpe. Ne prodiguez pas tant les foldats & munitions que vous n'en ayez affez pour garder la ville & fouftenir les affauts. Quand l'affaillant commencera à faire ioüer le canon pour battre vos deffences hautes & baffes, combattez-le de tous coftez de voftre artillerie, des baftions, rampars & caualliers : redreffez les efpaules de vos flancs & vos parapets au mieux que vous pourrez ; faites de nouuelles retraictes & nouueaux flancs principalément defichants & cachez.

Quand il percera voftre contr'efcarpe, ouurira voftre foffé, il battra en mefme temps vos murailles, & s'il n'a rien oublié de la diligence requife, à peine le pourrez vous empefcher ny offecer. Mais s'il auoit failly faififfez l'occafion & y prenez foigneufemét garde, comme fi l'artillerie eftoit def-

couuerte vous tascherez de desmonter ses pieces,
tuer ses canonniers, gaster ses munitions, si elle
est mal fortifiée faites vne furieuse sortie dessus
pour la démonter & enclouër, en vous seruant de
vostre artillerie & de vostre mousquetterie.

L'assaillant s'il est experimēté lors qu'il vous battra en breche, il battra tous les flancs bas qui flan-
quent le lieu où il veut donner l'assaut (les flancs
hauts ayans esté desia tous enleuez auparauāt que
mener l'artillerie dessus la contr'escarpe) mais nō
pas plustost que s'estre rendu maistre du fossé s'il
est sec, ou de la contr'escarpe si le fossé est plein
d'eau, faisant la platte forme pour l'artillerie au
dessus de la gallerie qui perce la côtr'escarpe pour
entrer au fossé, tenant les pontons & galleries à
passer le fossé prestes pour ietter soudain qu'il verra le temps & l'occasion propre pour enuoyer à
l'assaut, ou bien les planter durant la batterie à la
faueur de l'artillerie & mousquetterie. Or contre
tout cela vn expert Gouuerneur tiēdra des flancs
cachez lesquels ouuerts à l'impouruëu porteront
grand dommage à l'assaillant, lequel ayant fait
breche la fera recognoistre par des hommes armez, sur lesquels ne faut pas espargner les coups
des fauconneaux & arquebuses à croc, ordinairement ce sont des plus capables & signalez.

La breche recogneuë il viendra à l'assaut, à quoy
il se faut disposer, pour le combattre, & le soustenir, ou à coups de main, ou se retrancher, ou faire
tous les deux; le combattre dés qu'il commencera
à estre descouuert & en butte, commençant de

monter à la breche, le repoussant auec des hommes armez que vous aurez choisis auant l'assaut,
resolus & vaillans, lesquels doiuent souftenir opi-
niastremét la premiere furie, qui sera ou que l'ennemy se retirera ou pour le moins que vous l'en-
dommagerez bien fort: seruez vous des machines
& instruments propres pour empescher que l'ennemy ne monte à la breche, comme chausse-trappes
semées dessus la breche, des soliues roulantes garnies de cloux & fusées, de mortiers, perriers, & engins à ietter les grenades, balles ardentes, cartouches, &c. les mines n'y doiuent pas estre oubliées
ny les feux d'artifice, comme sont trompes, pots,
mines mobiles, cercles, &c. prenans soigneusement garde comme, quand, où, & d'où vous les
iettez, le faisant bien à propos.

Si l'ennemy vous attaque pied à pied, ou qu'il
face sa batterie si lentement qu'il vous dône loisir
de vous retrancher, faites vostre retranchement
bien flāqué & commode, en sorte qu'auec iceluy
vous luy puissiez resister : Partant il faut qu'il soit
difficile à estre forcé, tellement flanqué qu'il soit
deffendu par le front & par ses flancs, facile pour
les sorties, ayant au deuant d'iceluy vn fossé large
& profond, auec côtr'escarpe & chemin couuert,
qu'il ait le rampart fermé auec pallissade qui sorte
en dehors du cordô, clostures de camp & gabionnades, & par ce moyen vous le menerez en grand
lôgueur ; car il faudra qu'il traine son artillerie sur
la breche apres s'y estre logé ; qu'il fasse nouuelle
batterie, nouuelle ouuerture, nouuelles sappes,

mines & fourneaux;ce qui vous donnera loifir de
faire des nouueaux retranchemens , & gaigner &
prolonger le temps,comme firent les Hollandois
à Oftende,à Maftric,& plufieurs autres lieux.

Plan d'Oftende auec fes retranchemens.
1604.

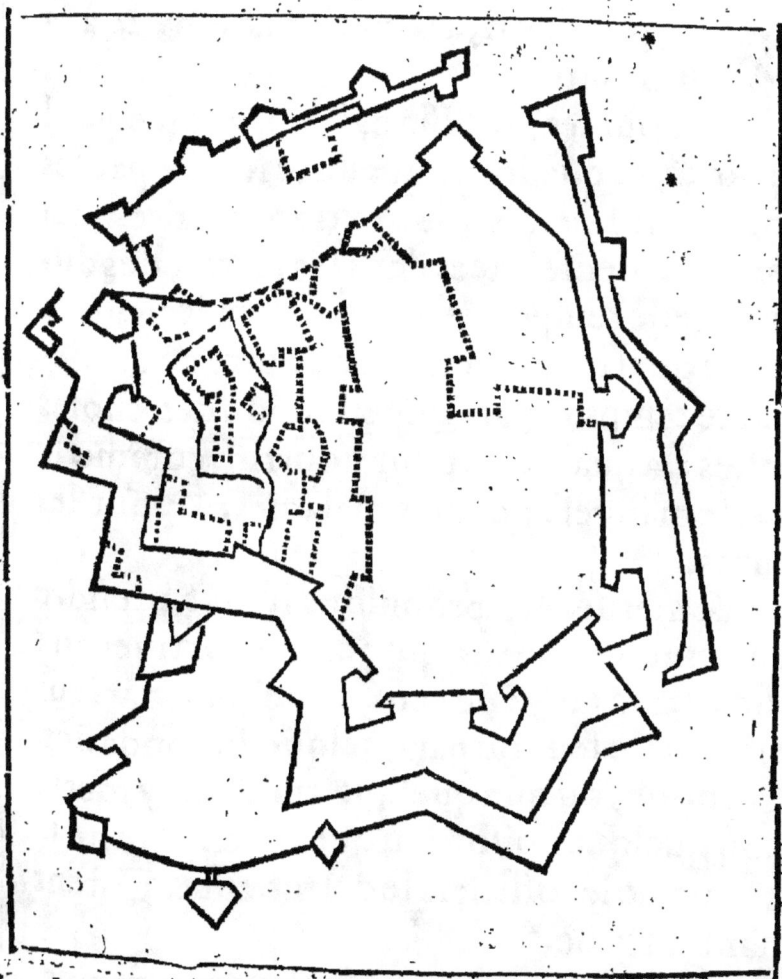

Les lignes reprefentent les forterefles de la ville,&
les poincts les retranchemens.

DE LA DEFFENCE DES
forteresses contre la famine.

CHAPITRE XI.

ESTE deffence se reduit en trois chefs, à la prouision, à la conseruation, & à la distribution.

Pour les prouisions il faut auoir esgard à la quantité, & qualité; la quantité se iuge par les personnes ordinaires, & extraordinaires qui pourront estre enfermées dans les forteresses durant le siege: le temps que pourra durer le siege, & la portion qu'il faut à vn chacun, outre ce qui dechet par le temps, & par l'imperfection des choses naturelles; la qualité est pour nourrir, comme le boire & le manger, pour les maladies, & pour les blesseures.

Pour conseruer les prouisions il faut prendre garde aux inconueniens qui peuuent arriuer aux magasins par le moyé de ceux de dehors, par leur artillerie, par le feu, ou par quelque innondation ou corruption, ou que quelque traistre n'y mette le feu, ou quelque poison, ou que la vermine ne le ronge, ou que les officiers le desrobent & gastent en faisant largesse.

Pour la distribution faut auoir esgard au temps, aux personnes, à la quantité: Au temps, quand on doit commencer d'ouurir les prouisions publi-

ques, qui eſt quand les particulieres ſont conſu-
mées, ſçachant les bouches & munitions de chacun pere de famille. Aux perſonnes, leſquels pour
la difference de leur condition il faudra traitter
differemment ſelon leur aage, eſtat & qualitez: A
la quantité, que l'on meſurera de ce que par chacun iour vne bouche peut auoir beſoin pour ſe
nourrir ayant eſgard au ſexe, à l'aage, à l'exercice
& à la diſpoſition.

DV SECOVRS DES
places aſſiegées.

CHAPITRE XII.

L faut conſiderer au ſecours des fortereſſes le moyen de l'effectuer ou de l'empeſcher.

L'effectuer, ou ouuertement ou à l'improuiſte,
ayant eſgard à la place, aux retranchemens de
l'ennemy, & au ſecours.

L'aſſiette de la place peut eſtre commode & facile à cauſe des campagnes ouuertes & libres
d'empeſchements, ou incommode & difficile à
cauſe des marais, riuieres, bois & montaignes.

Les fortereſſes de l'ennemy qui ſont aux enui-
rons comme palliſſades, gabionnades, foſſez,
tranchées, forts & redoutes, en attendant dans les
tranchées, ou ſortant en campaigne ouuerte
pour combattre le ſecours.

Pour le secours il doit estre soustenu d'vne bonne escorte, pour ce qu'autrement l'ennemy le pourroit charger & rompre pillant les munitions, empeschant le retour, leur couppant chemin en estant le plus fort. Il faut sçauoir les moyens, le temps, les stratagemes & les passages par où le secours peut estre conduit & introduit en la place, portant auec soy suffisante prouision des choses necessaires pour les viures, pour les armes, & pour tout ce qui touche l'auancement & execution du secours, comme pionniers, pontons, barques, & autres engins à passer riuieres & marests.

Il faut bien choisir la trouppe & gros des gens de guerre qui doiuent executer les secours, que les soldats soient bien resolus & choisis entre les plus vieux, & que les chefs sçachent, puissent & veillent courageusement faire tout ce qui se doit, pour infailliblement executer l'entreprise, se retirer honorablement, ou y mourir cherement.

L'on peut empescher vn secours ou en l'attendant dans les retranchemens, comme fit Henry le Grand au siege d'Amyens, l'Archiduc Albert. Et le Prince Maurice deuant Graue, lequel attendit dans ses tranchées & autour d'icelles, par la faueur de quelques forts qu'il y auoit faits au deuant, l'armée de l'Archiduc Albert qui l'alloit secourir. Et deuant l'Escluse, le mesme Prince attendit dans ses tranchées le secours qui y fut amené par le Marquis de Spinola, & le Marquis de Spinola en fit autant au siege de Rimberg. Ou bien en luy al-

lant au deuant pour le combattre & s'opposer à
son passage abandonnant le siege pour y aller
auec toutes ses forces, ce qui fut prattiqué par
Henry le Grand ayant leué le siege de deuant Paris, & de deuāt Rouen pour aller rencōtrer & presenter la bataille à l'armée Espagnole qui venoit
au secours. Ou luy allant au deuant auec partie de
l'armée, laissant ce pendant le siege pourueu & les
tranchées garnies, le Marquis de Spinola fit comme cela durant le siege d'Ostende quand le Prince Maurice descendit à l'Escluse, car il laissa les
tranchées garnies & mena le reste de son armée à
Blanckemberg qui estoit le chemin de son ennemy, & s'y retrancha resolu de le combattre s'il se
fust presenté.

DE L'ARTILLERIE
Françoise.

CHAPITRE XIII.

Des fontes, alliages & mesures des pièces.

EN la fonte de l'artillerie l'on met sur cent liures de rosette fine (c'est à dire fin cuiure) vingt liures de metail, ou à faute de metail il y faut mettre dix liures d'estain doux: par le metail s'entend la matiere des cloches.

Ou bien sur cent liures de franc cuiure ou rosette, il faut mettre dix liures de laicton, & huict d'estain.

En la fonte des pieces pour obuier au dechet on met pour chaque six liures de metail vne liure de surplus.

Il faut auoir vn soin singulier de la cuitte & alliage des metaux, de la netteté interieure des pieces; Partant les matieres doiuent estre bonnes, & les terres des moufles, bonnes, bien battuës, & corroyées auec poil & bourre. Les moufles, chappes, & noyaux, bien gressez & oints de bon suif, bádez & liez de fer, bien cuits & recuits, bien posez & assis. Les thorrillons soient si iustement mis que la piece soit quasi en balance sur iceux, pesant presque
que

que autant de la volée que de la culasse (c'est à dire tant deuant que derriere) en façon qu'vn Canonnier la puisse leuer & abaisser dans l'affuſt sans grande peine.

La piece doit estre tenuë forte au droit des torrillons, car là se faict le plus grand effort de la piece & le commencement du mouuement.

La lumiere doit estre d'acier, afin de n'estre renduë ſi tost inutille que ſi elle eſtoit de metail, & doit ioindre la culasse de la piece.

Les pieces doiuent estre bien reparées, elissées, & essayées, prenant garde qu'il n'y ait au dedans aucune fiſſure, foſſé, fente, chambre, creuaſſe, ny commiſſure, ce qui aduient communemét quand on coule le metail trop froid, ou que le mouſle n'est bien recuit, ou que l'estain a esté mis le cuiure n'estant en bain, ou qu'il n'a esté meſlé ou incorporé.

Les pieces doiuent estre essayées auparauant qu'estre montées sur leur affuſt, ayant l'emboucheure esleuée, car elles en patiſſent plus, apres estans reparées, elissées & essayées, on les doit peser & mettre le nombre cisaillé sur la culasse.

Il y a six calibres d'artillerie qui sont le Canon, la Couleurine, la Bastarde, la Moyenne, le Faucon, & le Fauconneau.

H

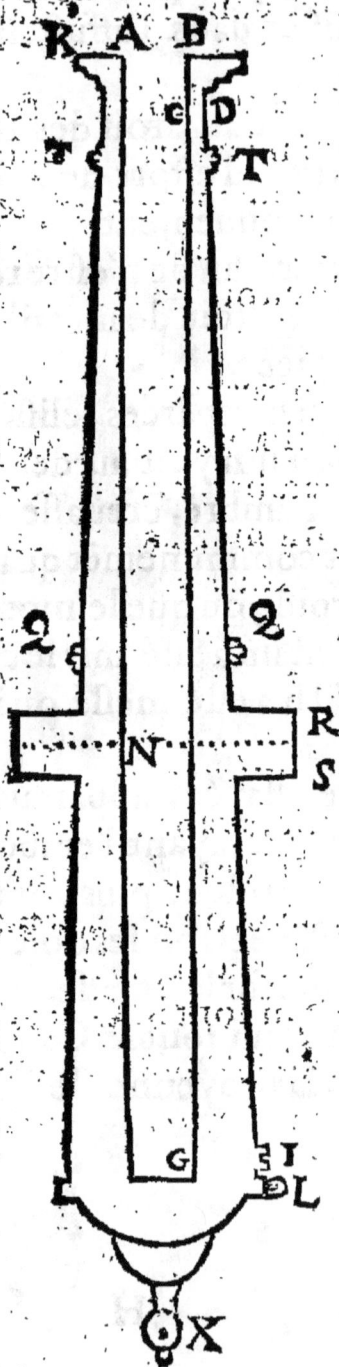

A B. *Le diametre de la bouche.*

C D. *Le collet.*

G I. *Espaisseur du metail à la culasse.*

G B. *Le noyau.*

R S. *Le diametre du torrillon.*

K. *Le bourlet.*

N A. *La volée du canon.*

N X. *La culasse.*

L. *La platte bande & l'archet sur icelle.*

G X. *La culatte.*

X. *Tour du bouton.*

T. *Astragal.*

Q. *Renfort.*

l. *La lumiere.*

Des poids.

La liure (poids de marc) a deux marcs, le marc a huiĉt onces, l'once a huiĉt gros, le gros a trois deniers, le denier 24. grains.

Des mesures.

La toise a six pieds, le pied douze pouces, & le pouce douze lignes.

Les mesures des parties du Canon & son vsage.

Le diametre de la bouche du Canon est de six pouces & deux lignes.

Le diametre de la balle, six pouces.

Le vent de la balle, deux lignes.

La balle pese trente trois liures vn tiers. Cela s'appelle le calibre du Canon.

Le metail est espais au collet de deux pouces, & à la culatte de six.

Le noyau est long de neuf pieds, & par tout de mesme grosseur.

Tout le Canon a vn peu plus de dix pieds de long.

Le diametre du torrillon est de six pouces.

La volée est de cinq pieds & demy.

Le renfort est distant de la bouche quatre pieds & demy.

L'espaisseur ou hauteur du bourlet est de cinq pouces.

L'astragal est à demy pied près de la bouche.

L'archet de fer est mis sur la platte bande.

Le metail de la piece pese enuiron cinq mil six cens liures.

Son affust est long de quatorze pieds, & l'essieu de sept.

Le Canon monté sur son affust a pres de dix-neuf pieds de long.

La pouldre pour sa charge doit peser dix-huict à vingt liures; on obserue ordinairement en toutes les pieces que la charge de la poudre pese la moitié de la balle pour le moins, & de là aux deux tiers n'en est que meilleur.

Le Canon tire par heure dix coups, & par iour six vingts.

Tire de poinct en blanc six cens pas.

Son lict doit auoir quinze pieds de large, & vingt de long pour son recul, on met les dix premiers pieds de planche, & le reste de clayes si l'on a faute de planches.

Il faut vingt-trois cheuaux pour mener le Canon.

Les charrettes attellées de quatre cheuaux, portent mille ou douze cens liures pesant chacune, elles sont longues de dix à douze pieds d'eschelle, & la charette auec les cheuaux de cinquante pieds, & leur largeur au droit de l'essieu est de six.

Vne charette porte trente trois balles de Canon.

Il faut donc six charrettes & vingt quatre cheuaux pour porter les munitions pour faire iouer vn Canon tout vn iour, qui sont six vingts balles & deux milliers quatre cens liures de poudre.

Pour le seruice d'vn Canon qui bat en ruine il
faut deux Canonniers, trois chargeurs, & trente
pionniers.

Le cordage du Canon doit estre vn combleau
long de quinze toises, gros de quatre pouces &
demy de tour qui pesera enuiron soixante & dix
liures.

Deux pieces à paloneaux, deux traicts sous paloneaux de quinze pieds de long pesant chacun
dix liures, deux hardiers de deux toises de long
pesant huict liures chacun.

Les noms des pieces des affusts & roüages de l'artillerie.

A. Planche pour les flasques longue de quatorze pieds & demy, espaisse de demy pied & large d'vn pied & huict pouces pour le Canon.

B. La face du dehors du flasque.

C. La face du dedans du flasque.

D. L'affust large dans œuure à la teste de treize pouces & au bout de dix-huict.

L. L'essieu long de sept pieds.

K. Vn rayon, long de quatorze pouces entre le moyeu & les lentes, gros de quatre pouces & demy de diametre.

E. Le moyeu, long depuis E. iusques à I. de vingt pouces, & d'autant de diametre au droit de G. en F. de dix-sept, & en I. de quatorze.

F.G.H.I. Quatre fretes ou anneaux de fer.

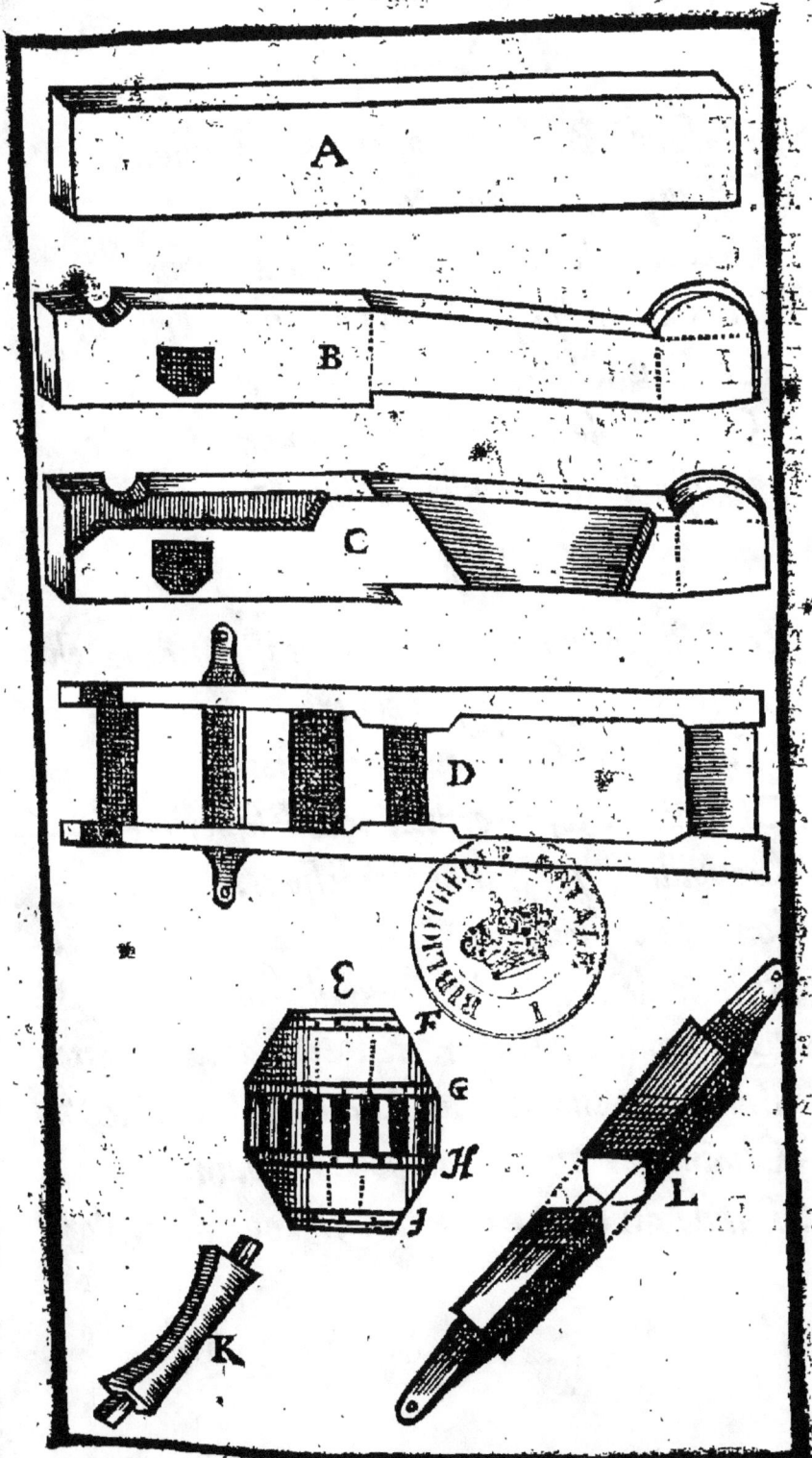

En la figure S.

A. Flasque. B. Entretoises. C. Boulons.
D. Essieu. E. Bandes de dessus.
F. Crochets de retraitte. G. La happe.
H. Iour de la husse. I. Museau de l'essieu.
K. Le bout d'affust. L. Rondelle.
M. Cheuille de limon. O. Limon. Q. Repos.
N. Husse de la cheuille de limon.

En la figure T.

1. Iour du torrillon. 21. pouce distant de la teste d'affust, iusques à son centre.
2. Hurtois. 3. Crochet de retraitte.
4. Cheuilles à teste perduë. 5. Esqueriere.
6. Goupilles. 7. Bande de dessous.
8. Iour de l'essieu. 9. Cheuilles à teste quarrée.
10. Bande de dessus. 11. Iour du boulon.
12. Le limon. 13. Ragot. 14. Iour de la clauette.
15. Bande des limons. 16. Clauette, Cheuille, & Chainette. 17. Crampon de chainette.
18. Bande du bout d'affust. 19. Iour du boulon.

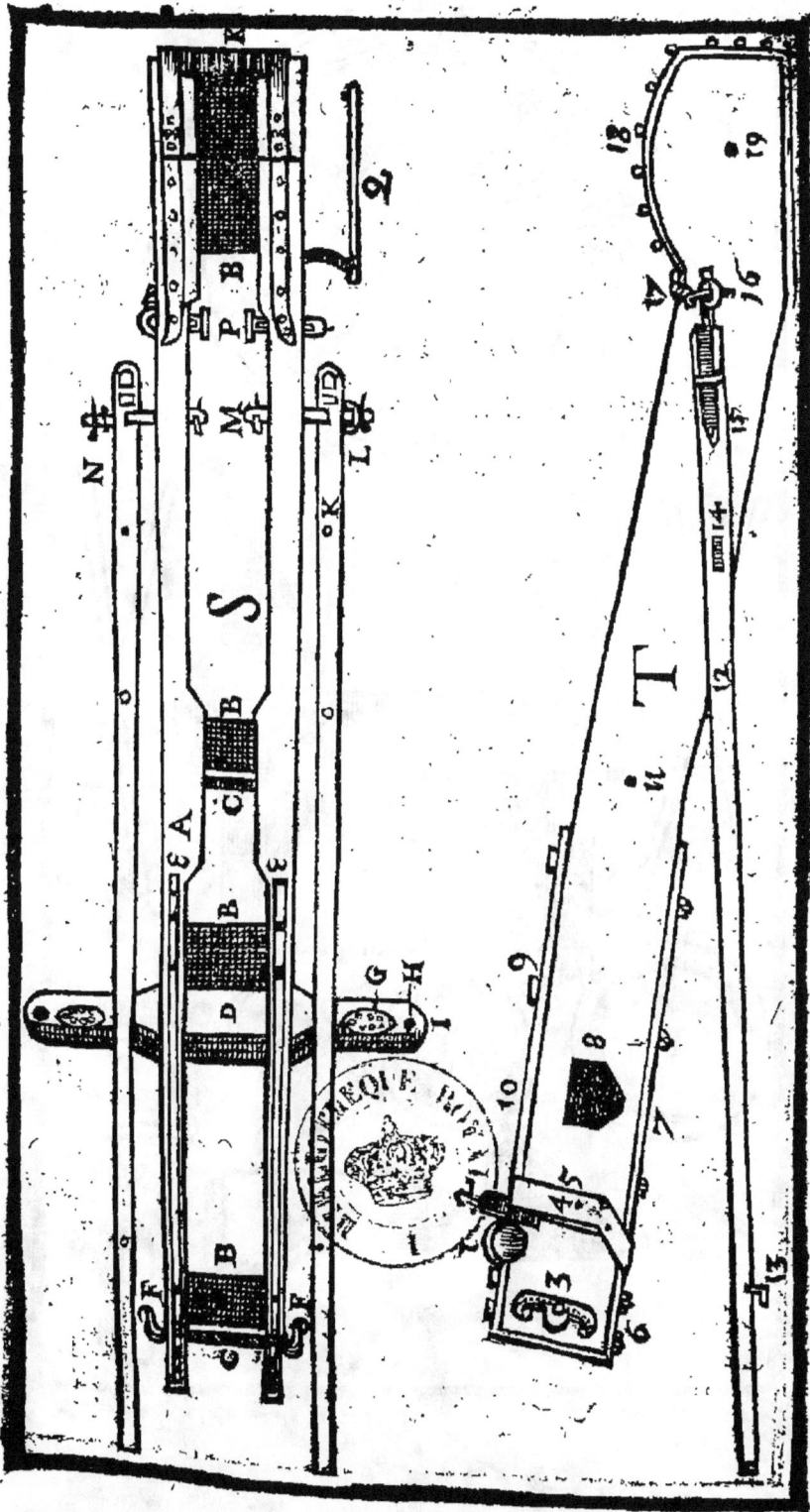

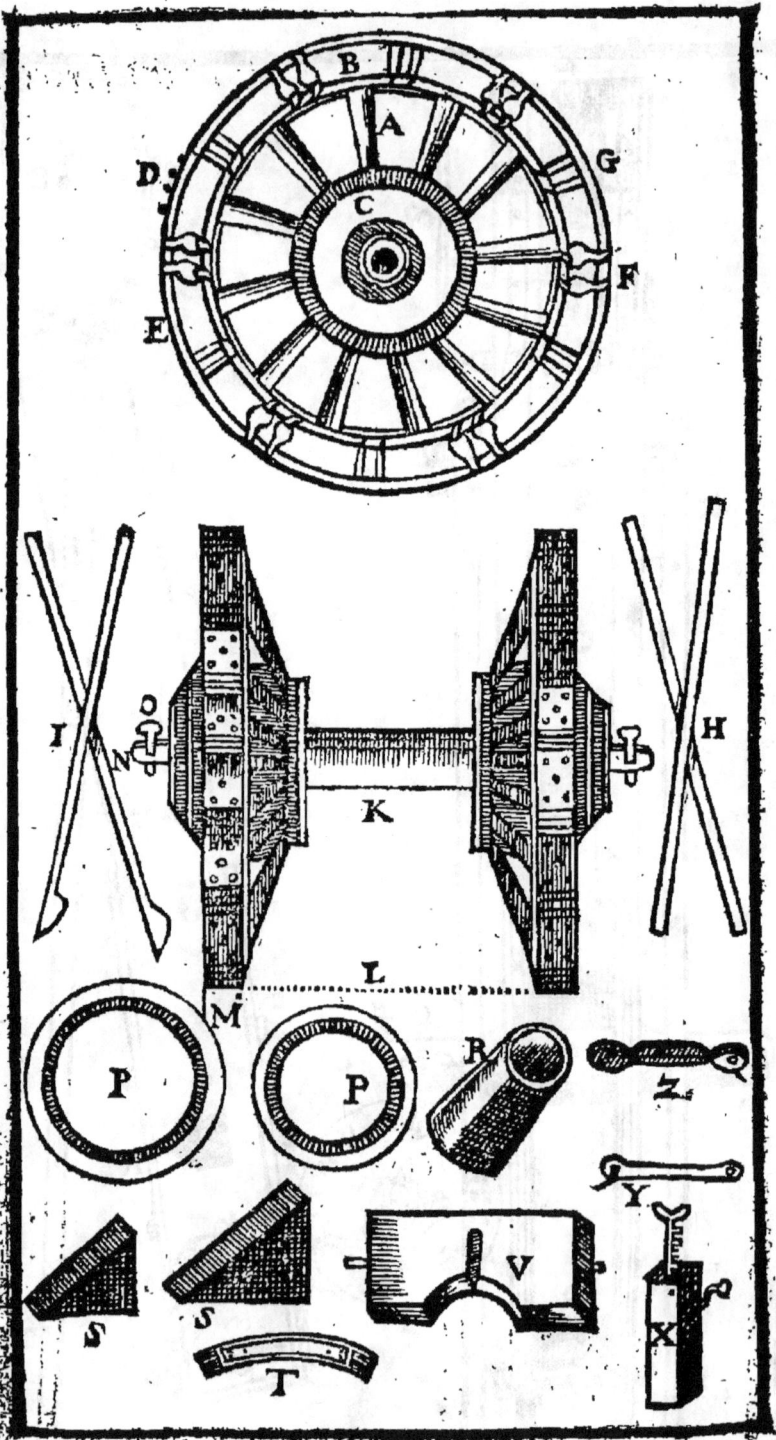

Les roües sont hautes de cinq pieds estans ferrées.

A. Rays.
B. Ientes.
C. Moyeu.
D. Clous.
E. Les bandes.
F. Liens sur bandes.
G. Liens sous bandes.
H. Leuiers.
I. Leuiers à pince.
K. Essieu.
L. Voye des roües.
M. Orniere.
N. Museau de l'essieu.
O. La heusse.
P. Grande & petite frete.
R. Emboiture.
S. Grand & petit coin.
T. Bande de roüe.
V. Fronteau de mire.
X. Cric.
Y. Lien sous bande.
Z. Lien sur bande.

A. *Canon armé.*

B. *Combleau.*

C. *Les boëtes du chargeoir & de l'escouuillon.*

D. *Liens des leuiers, escouuillon & chargeoir.*

E. *Hampe de l'escouuillon.*

F. *Hampe du chargeoir.*

G. *Boëte de l'escouuillon.*

H. *Boëte du chargeoir.*

I. *La lanterne.*

K. *Muy à guichet.*

L. *Caque de grosse grenée.*

M. *Caque de menuë grenée.*

N. *Baril d'amorce.*

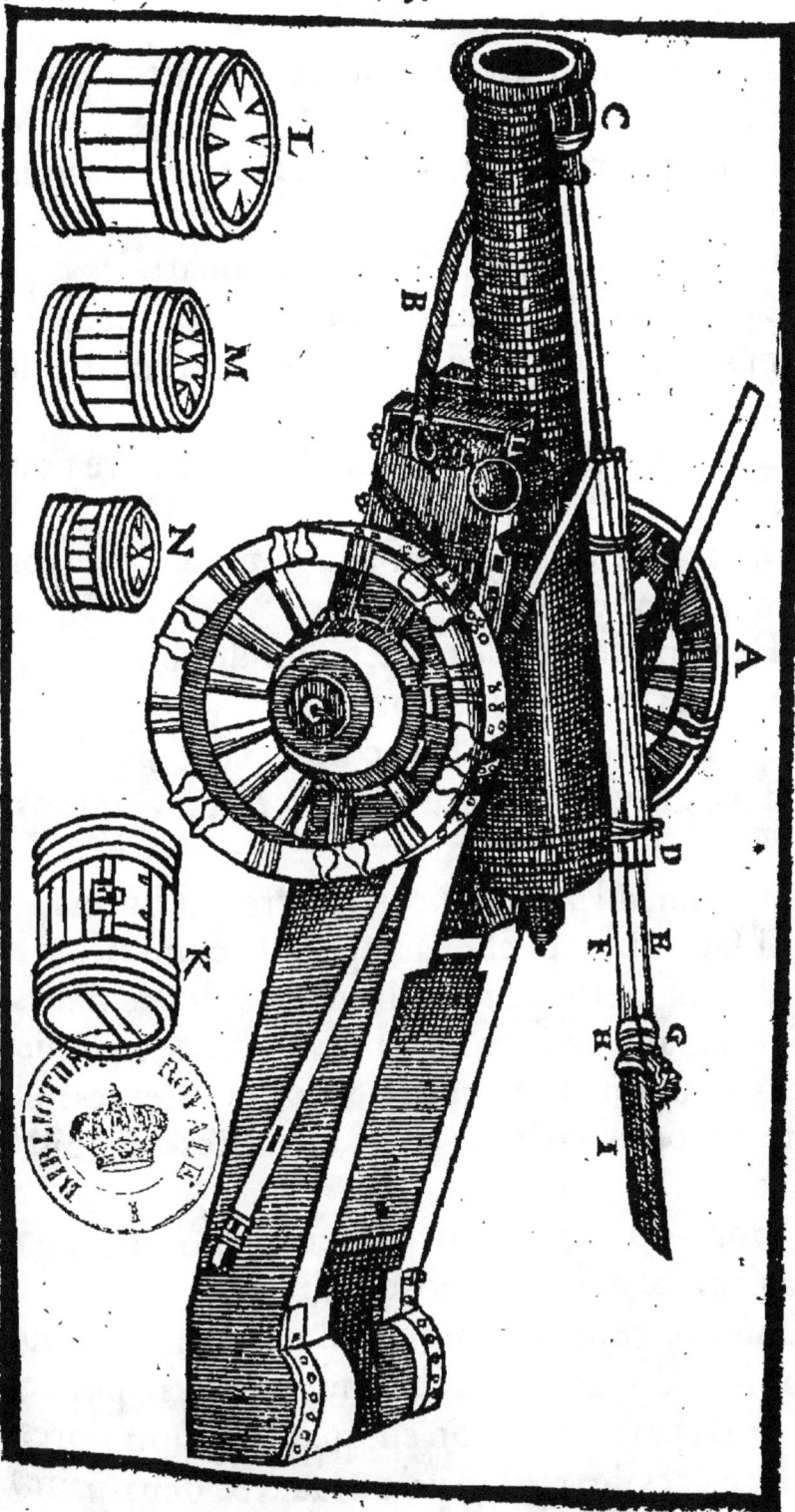

Le diametre de la bouche est de quatre pouces dix lignes.

Le diametre de la balle de quatre pouces huict lignes.

La balle pese quinze liures vn quart.

Le metail est espais au collet d'vn pouce neuf lignes , & à la culasse de quatre pouces dix lignes.

Le noyau est long de neuf pieds quatre pouces.

Du centre du torrillon à la lumiere il y a trois pieds dix pouces.

Le vent de la balle est de deux lignes.

Sa charge de poudre pese dix liures.

Tire de poinct en blanc huict cens pas.

Tire en vne heure dix coups, & six vingts par iour.

Son metail pese enuiron quatre mil liures.

Il faut dix-sept cheuaux pour la conduire.

Vne charette porte soixante six de ses balles.

Il luy faut par iour six vingts balles, & vn milier deux cens liures de poudre,& pour porter ses munitions pour vn iour trois charettes & douze cheuaux.

Vingt-quatre pionniers , deux canonniers ordinaires , & deux extraordinaires.

Le cordage de la grande couleurine, est vn comblant de douze toises de long & quatre pouces de gros , pesant enuiron cinquante & cinq liures, deux paires de traicts à paloneaux, & deux paires

sous paloneaux, longs de vingt-deux pieds, pesant chaque paire douze liures, deux hardiers, pesant sept liures la piece.

De la Couleurine bastarde.

Le diametre de la bouche est de trois pouces
neuf lignes.

Le diametre de la balle trois pouces huict lignes.

Le vent de la balle, vne ligne.

Le metail est espais au collet de quinze lignes,
& à la culate de trois pouces & neuf lignes.

Le noyau est long de huict pieds sept pouces.

Du centre du torrillon à la lumiere y a trois
pieds six pouces.

La balle pese sept liures vn quart, & sa poudre
cinq liures.

Tire de poinct en blanc mil pas.

Tire par iour cent quarante coups qui font
douze coups par heure.

Son metail pese enuiron deux mil cinq cens liures.

Il faut treize cheuaux pour la conduire.

Vne charette porte cent quarante de ses balles.

Il luy faut de munitions pour ioüer tout vn
iour cent quarante balles, & sept cens liures de
poudre.

Il faut deux charettes & huict cheuaux pour
porter ses munitions d'vn iour.

Douze pionniers, deux canonniers.

Le cordage de la baſtarde, eſt vn comblant de ſix toiſes de long & trois pouces & demy de lar-ge, peſant enuiron quarante cinq liures deux pai-res de traicts ſur paloneaux & deux ſoubs palo-neaux de douze pieds de long peſant dix liures chacun, deux hardiers de deux toiſes de long. pe-ſant quatre liures chacun, & huict toiſes de menu cordage pour lier le chargeoir, eſcouuillon, coins, leuiers, &c.

De la Gouleurine moyenne.

Le diametre de la bouche eſt de deux pouces neuf lignes.

Le diametre de la balle eſt de deux pouces huict lignes.

Le metail eſt d'vne ligne.

Le metail eſt eſpais au collet d'vn pouce.

A la culaſſe deux pouces neuf lignes.

Le noyau eſt long de huict pieds.

Du centre du torrillon à la lumiere il y a trois pieds cinq pouces.

La balle peſe trois liures & demie, & ſa charge de poudre deux liures & demie.

Tire de poinct en blanc quatorze cens pas.

Tire par iour cent ſoixante coups qui eſt enui-ron de treize coups par heure.

Son metail peſe enuiron mil trois cens cin-quante liures.

Il faut neuf cheuaux pour la conduire.

Vne

Vne charette porte deux cens vingt-six de ses balles.

Il faut pour vn iour de batterie cent soixante balles & quatre cens liures de poudre.

Vne charette porte ses munitions pour vn iour.

Elle est seruie de six pionniers & deux canonniers.

Du faucon.

Le faucon peut tirer quinze coups par heure qui sont cent quatre vingts coups par iour.

Sa balle pese vne liure & demie, & la charge de sa poudre vne liure, son metail huict cens liures.

Il faut cinq cheuaux pour le conduire.

Vne charette luy porte des munitions pour deux iours.

Il a quatre pionniers & vn canonnier.

Du fauconneau.

Le fauconneau peut tirer par iour deux cens cinquante coups qui sont enuiron vingt coups par heure.

Sa balle pese trois quarterons & sa charge de poudre demy liure, son metail cinq cens liures.

Vne charette luy porte des munitions pour trois iours.

Il faut vn cheual pour le conduire.

Et pour le seruir quatre pionniers & vn canonnier.

I

De l'arquebuse à croc.

L'arquebuse à croc peut tirer trois cens coups par iour, qui font vingt cinq coups par heure.

Sa balle doit pefer trois onces, & fa charge de poudre deux.

Vn chariot porte quatorze clayes de dix pieds de long & fix de large; peut porter douze douzaines de picques, qui font communement lorgues de dix-huict pieds porte trois cens pelles, ou pics, ou befches.

Ces chariots font garnis au fons & aux coftez de planches, comme des tombereaux pour entaffer ces inftrumens dedans, & beaucoup d'autres plus menus, comme fcies, farpes, haches, marteaux, fifeaux, pieds de cheure.

Il peut porter huict pieces de ponton de ionc.

Ces pieces fe font ainfi, chaque piece a dix faiffeaux de canne de rofeaux, ferrez de cordes tant qu'il eft poffible, & puis bien coufus dans vne groffe toile, tellement que ce font dix facs pleins de rofeaux, ayant vn pied de diametre, & fix pieds de long, on les attache fur vne claye qui a dix pieds de long, & fix de large, auec de bonnes cordes.

Comme doit marcher l'artillerie.

Pluftoft que l'artillerie parte, quelques Commiffaires, canonniers, auec le Maiftre des chariots

& quelques pionniers, doiuent aller deuant pour faire accommoder les chemins.

Les petites pieces doiuent aller deuant, puis toutes les grosses, & trois charettes, qui porteront la premiere vn baril de graisse & tous les vtils des forgeurs dans vn coffre ; La deuxiefme tous les vtils des charrons & charpentiers, l'efchelette, leuiers & cric à releuer les pieces, & la troifiefme portera l'enclume, le foufflet & tous les vtils des forgeurs. Apres cela fuiuront les defchargeurs de cet attirail & les canonniers pour le garder.

En apres les charettes portans les boulets, les poudres & autres munitions.

Tous les canonniers doiuent eftre auec le canon chacun au droict du fien.

Il faut loger l'artillerie & fes munitions en vn lieu affez fpacieux, laquelle doit toufiours auoir la bouche tournée vers l'ennemy.

Il faut qu'autour de l'artillerie & des munitions il y ait vne place bien fpacieufe pour contenir fes gardes.

DES OFFICES DES
gens de guerre.
CHAPITRE XIIII.

Du soldat.

IL se doit armer de telles armes que son Capitaine luy ordonnera: car il cognoist mieux que luy-mesme quelles luy sont les plus propres.

Il se doit monstrer desireux de se faire cognoistre genereux, mais ne doit pas pourtant aller iamais en faction sans l'exprez commandement de ses chefs, faisant paroistre qu'il est aussi discret que valeureux.

Son manger & dormir se doiuent regler selon son loisir, non pas selon sa volonté.

Il ne doit point estre mutin ny changer de compagnie sans grande raison, ny partir sans auoir congé & patente authéntique de son fidelle seruice: les bons courages ne se cognoissent qu'aux occasions, lesquelles ne se presentent pas tous les iours, outre que pour acquerir l'experience requise à vn simple soldat qui veut paruenir à quelque charge, il y faut beaucoup de temps pour s'en rendre digne & pour se faire cognoistre capable à ceux qui le peuuent aduancer.

Il se doit estudier à sçauoir le maniement de ses armes, les factions des soldats, les mouuemens des compagnies, sa marche, à se loger en campagne, faire ses gardes & sentinelles, entendre le son du tambour, à faire la cour à ses chefs.

Le soldat ne se doit ranger soubs vn Capitaine de peu de reputation, ou auare, de crainte de perdre sa peine & son temps & afin d'obuier au changement, comme aussi le Capitaine ne doit point receuoir vn soldat sans le cognoistre, pour ne rencontrer quelque mutin, ou poltron, ou debile, & maladif.

Du deuoir des l'Ansepessades & Appointez.

C'est de soulager les Caporaux & estre comme leurs Lieutenans ou aides en temps de peril: ils font les rondes dangereuses & les sentinelles perduës, autrement non.

Du Caporal ou cap d'esquadre.

Il a commandement sur son escadre, il les doit instruire de tout ce qui est necessaire que le soldat fasse & sçache, il les doit loger par chambrées, empescher les querelles & desordres, en les admonestant ou en aduertissant le chef, car de les chastier il ne doit, si ce n'est de les vexer par sentinelles, il doit auoir vn roolle de ses soldats, & quand quelqu'vn s'en va croiser son nom & en aduertir son Sergent, il doit despartir les viures, les balles, la

meche & la poudre aux soldats de son escadre,
cognoistre quels sont les plus experimentez d'i-
celle, pour les mettre aux sentinelles & factions
plus importātes, auoir l'œil sur leur vie & mœurs,
soigner les malades & blessez, de leur hardes & de
leur argent, faisant mesnager à tous l'argent de
leurs monstres. Estant en garde il doit estre vigilant & soupçonneux, poser les sentinelles au lieu
où le Sergent Major ou son Capitaine luy aura
monstré, les changera luy-mesme, les enuoyra visiter par vn Lāsepessade ou Appointé de son Capitaine (car il en doit auoir tousiours deux auec
luy) attendra ses rondes & contre-rondes deuant
son corps de garde qui luy doiuent dōner le mot,
& fust-ce le General de l'armée, les sentinelles ne
doiuēt laisser approcher personne sans presenter
la picque ou le mousquet, la meche sur le serpen-
tin, & si c'est la patroüille ou autre trouppe, l'arre-
ster tant que le Caporal y vienne, lequel ne doit
iamais sortir seul de son corps de garde sans se faire accompagner de trois ou quatre : il doit aduertir les sentinelles comme elle se doiuent compor-
ter, l'ennemy se presentant, ou de donner l'alarme ou d'aduertir sans faire bruit : les sentinelles
ne se doiuent iamais retirer sans estre leuées du
Caporal, ou contraintes de l'ennemy, & en tel cas
se retireront au corps de garde, comme le corps
de garde estant forcé se doit retirer au camp selon
l'instruction du Capitaine ou du Sergent Major.
Visitera ses soldats entrant en garde pour sçauoir
s'ils ont poudre, balles & meche à suffisāce, com-

me vne liure de poudre & deux de balles & cinq
toiſes de cordes . fera reſpecter le corps de garde,
faire ſilence, ſoit aux portes, ſoit aux murailles,
afin que le bruit n'empeſche d'oüyr les aduertiſſe-
mens des ſentinelles. Il ſe doit promener au deuant de ſon corps de garde ou y faire tenir vn
Lanſepeſſade, auoir touſiours du feu iour & nuict
pour allumer les meches, le ſoin de faire garnir les
corps de gardes de bois, de charbon, & de chan-
delle.

Du Sergent d'vne compagnie.

Il doit ſçauoir lire, eſcrire & compter, tenir compte de ſes ſoldats, combien de picquiers & combien de mouſquettaires, & mettre au premier râg
les mieux armez & les plus courageux, ſon deuoir eſt de faire obſeruer aux ſoldats de ſa compagnie la diſcipline politique & militaire, & toute
ſorte de commandemens faits par les ſuperieurs,
leſquels il leur doit faire ſçauoir.

Les inſtruire à manier leurs armes, & ſe tenir en
rang & en file, & ce en telle façon que le Sergent
Major ordonnera : il doit auoir ſoin des armes
& des munitions, diſtribuera la meche & la poudre aux Caporaux, poſera ſes corps de gardes &
les ſentinelles auec ſes Caporaux aux lieux où
ſon Capitaine ou Sergent Major auront ordonné, viſitant ſouuent les corps de gardes & les ſentinelles pour voir ſi elles ſont en leur deuoir,
n'y mettant que gens capables (car autrement il

I iiij

donneroit souuent l'alarme sans raison) faisant faire force rondes : s'il trouue vne sentinelle endormie en campagne il la doit mettre en iustice. Quand la compagnie marche, si vn soldat quitte son rang il le fera remettre auec la hampe de l'halebarde.

Soit qu'il soit en campagne ou en garnison, il doit auoir soin des viures pour en faire venir s'il est besoin, les demandant aux Commissaires ou à ses deputez, puis les distribuera aux Caporaux & les Caporaux aux soldats.

Il doit aller querir tous les soirs le mot au logis du Sergent Major & l'apporter à son Capitaine, Lieutenant, Enseigne & Caporaux. Il doit ordonner la compagnie tant pour marcher, pour combattre, que pour faire garde, mais quant à la loger cela appartient au Fourrier & Caporaux.

Il doit accompagner la garde à l'heure ordonnée, monstrer aux Caporaux le lieu des corps de gardes & des sentinelles, & les ayant assis donnera secrettement le mot aux Caporaux, selon qu'il l'aura eu du Sergent Major.

De l'Enseigne.

L'Enseigne a charge de porter son drapeau par tout où son Capitaine, ou en son absence son Lieutenant luy commanderont, soit en assaut ou en bataille, n'ayant nul esgard au danger mais au moyen d'y paruenir.

Entrant en garde, ou en logemens, ou combat-

tant, ou faifant alte, il doit porter fon drapeau
fur l'efpaule quafi droit, mais quand il marche en
campagne il le peut faire porter par vn foldat
d'entre les plus braues, & pour ce faire en doit
toufiours tenir deux pres de foy.

La compagnie marchant en ordonnance l'Enfeigne fe doit tenir au milieu, mais en affaut, fcala-
de, ou en combattant fans tenir rang, il doit eftre
à la tefte.

En vne bataille le Sergent Major le met au rang
où il doit marcher, & doit pluftoft mourir
que de quitter ny abandonner fon drapeau, car
il deshonore & luy & la compagnie en le per-
dant.

Il fe doit faire aimer aux foldats afin qu'ils le
fuiuent de meilleur courage.

Si le Maiftre de Camp luy commande de mettre
fon Enfeigne aux champs il le doit faire, mais il en
doit pluftoft aduertir fon Capitaine; en cas d'alarme, fans attendre aucun commandement il fe
doit rendre en la place d'armes.

La place d'armes d'vne compagnie eft le deuant
du logis de l'Enfeigne, où tous les foldats fe doiuent rendre en armes & celle du regiment eft deuant celuy du Maiftre de Camp.

Marchant en bataille il doit marcher fierement
fans s'encliner vers perfonne qu'enuers fes Seigneurs au deuant defquels il abaiffera la pointe de
fon drapeau, plus ou moins felon leur auctorité,
fans faire femblant de mettre la main à la falade
ny plier le genoüil.

Du Lieutenant.

Tous les Lieutenans doiuent estre aussi capables que les Chefs qu'ils representent, puis qu'en leur absence ils ont la mesme charge & auctorité, & souuent leurs Chefs sont de ieunes Seigneurs issus de personnes illustres & valeureuses qui ont bien le courage mais non pas la force & capacité. Il doit tenir pres de soy l Enseigne & Tambour & tous les officiers & appointez pour s'en seruir selon les occasions.

Il ne doit receuoir, chasser ny chastier personne en presence du Capitaine : car il n'a pour lors aucune auctorité, & tout ce qu'il fait est auec licence & commission, mais en son absence il se fera obeïr pour tel.

Sa compagnie estant formée en bataillon si le Chef n'y est pas il les conduira, mais s'il y est, il se tiendra à la queuë & mettra ses deux Sergens sur les aisles, afin que chacun tienne son rang & combatte opiniastrement.

A vn assaut il doit assister l'Enseigne, & le mener au lieu du combat qu'il doit auoir recogneu auparauant.

C'est à luy à prendre garde aux actions des Caporaux & Sergens pour les tenir en leur deuoir, & les faire pouruoir de ce qui est necessaire à la compagnie, & les assister en ce qu'il verra estre besoin.

Du Commissaire.

L'office d'vn Commissaire des gens de guerre est de faire faire la monstre, les payemens, rece-uoir le serment, & donner les quartiers pour les logemens.

Du Capitaine.

Vn Capitaine doit estre experimenté, diligent & vaillant, il doit sçauoir le mestier de tous ses membres, mais principalement le sien.

Son mestier est de conduire sa compagnie par tout ou il luy sera commandé par son Colonel, ou par son Maistre de Camp.

Ses fonctions sont de donner les ordres à son Lieutenant & Sergent de la marche de sa compa-gnie, ou en rang de trois à trois, ou de cinq à cinq, mettant à la teste & à la queuë les mousquettaires & au milieu les picquiers, ou en bataillõ rangeant les mousquettaires aux ailles des picquiers. Il les doit faire instruire à combattre soit en surprise d'embuscade, en approche de villes, en assauts, en rencontres, en escarmouches, ou en batailles; les y mener prudemment, taschant de les ramener auec autant de gloire qu'il les y aura courageuse-ment conduicts.

Le Capitaine doit tousiours estre au deuant de sa compagnie de quelques pas, si ce n'est au ioin-dre en la bataille, car sa seule personne ne sçauroit souftenir le choc des picques de l'ennemy, & lors il fe doit ranger au premier rang de fa compagnie.

Il doit faire inftruire fes foldats à fe feruir de leurs efpées, picques & moufquets, les apprenant à fe mettre en bataille & s'y remettre eftans rompus, ou d'vn alte, ou d'vn chemin eftroict, ou d'vne deffaicte, à faire leurs huttes & logemens de campagne, & tous autres exercices de guerre.

A chaque deflogement il doit faire mettre fa compagnie en bataille, & puis la faire marcher felon que le païs le permet, & en logeant la mener à la file de trois à trois, ou de cinq en cinq.

Marchant auec fa feule compagnie il ne peut punir vn foldat de mort, fi ce n'eft qu'il fuft rebelle, car alors il le doit tuër. Mais pour toute autre chofe il ne peut que le deualifer d'armes & des accouftremens de liurée, & le degrader & chaffer, ou le liurer à la iuftice du Colonel commife fur leur regiment.

Il doit auoir le foin du payement des foldats, de leurs armes, de leurs viures, & de leurs munitions, de faire penfer les bleffez, & d'appointer les querelles. Il doit faire election d'vn Lieutenant expert, d'vne Enfeigne courageufe, de deux Sergés diligens, des Caporaux foupçonneux, d'vn Secretaire fidelle, d'vn Fourrier foigneux, d'vn Barbier hardy, d'vn homme d'Eglife pieux.

Le Capitaine crée en fa compagnie les Sergens, le Fourrier, le Tambour, le Phifre & le Barbier, mais pour fon Lieutenant, Enfeigne, Caporaux,

& Appointez il faut qu'il presente les personnes au Colonel, & luy demander permission de les pourueoir de ses charges.

La compagnie entrant en garde le Capitaine marchera à la teste auec vne picque en main, armé d'armes complettes & riches, ayant vn grand panache sur son habillement de teste.

Il doit faire sçauoir combattre ses gens seuls & en compagnie, cognoistre les aduantages des lieux, des armes, du temps, des occasions; & s'en preualoir.

Entendre les fortifications, la maniere d'attaquer & deffendre les places, comme & en quelle façon il faut conduire les ouurages, afin que venant son rang de conduire ou garder vn trauail, il ne face vn tour d'apprenty.

Du Tambour.

En chaque compagnie il y a vn ou deux Tambours & par dessus tous y a vn General & Colonel : l'office de tous les Tambours est de battre toutes sortes d'ordonnances, comme la marche, l'alarme, la chamade, doubler le pas, respondre aux chamades, la diane, & les bans : ils doiuent sçauoir remarquer ce qu'ils voyent, le recognoistre, & bien rapporter.

Le Tambour general doit estre logé pres du Sergent Major ou en son logis mesme, c'est à luy d'instruire les autres, & à prendre garde & garder les Tambours ennemis qui viennent au camp, il peut

chaſtier de ſon baſton les Tambours qui man-
quentà leur deuoir. Tous les autres le doiuent
conduire ſoir & matin chez le Sergent Major
pour ſçauoir les ordres.

Du Fourrier.

Il doit auoir vn roolle de tous les ſoldats de ſa
compagnie : il fait le deſpartement des logis, en la
monſtre, il baille vn roolle des ſoldats au Com-
miſſaire, Controolleur & Greffier, & tient eſtat
des ſoldes receuës & deuës, auſſi des armes de la
compagnie appartenant au Capitaine.

Il doit prendre ſon quartier du Marechal de logis, puis marquer le logis du Capitaine, Lieutenât
& Enſeigne (mais celuy de l'Enſeigne doit eſtre le
premier marqué de tous) prendre le logis des Sergens, le ſien, du Tambour & Phifre, & mettre tous
les autres en bulletins & les faire tirer au ſort par
balotte aux Caporaux qui les diſtribueront aux
ſoldats, cela ſe fait deuant le logis de l'Enſeigne, le
Fourrier doit tenir regiſtre de tous les logis de
ſon quartier.

Du Barbier.

En chaque compagnie y doit auoir vn Barbier
pour faire les cheueux & la barbe aux ſoldats,
pour ſeigner les malades, bander les playes aux
bleſſez, eſtant comme aide du Chirurgien du regiment, ayant des medicamens propres pour ar-

rester le sang, empescher l'inflammation & appai-
ser la douleur.

Du Preuost.

Le Preuost a la charge de pourfuiure les fugitifs, prendre les delinquans, & les constituer prisonniers.

Il a soubs soy vn Lieutenant, vn Greffier, six
Archers & vn Executeur. Son Lieutenant doit
estre homme de iustice, & s'il n'en a point il doit
appeller vn homme gradué aux loix pour le soulager.

Il met le prix à tous les viures du quartier, & nul
n'en peut vendre sans sa taxe, il ordonne des boucheries, & a la charge de faire nettoyer les quartiers, il dresse les procez, il confronte, il oyt, il ve-
rifie, & ayant instruit le procez, le Maistre de
Camp, Sergent Major & Capitaine, le iugement
& la sentence se prononce au nom du Colonel:
plustost que liurer vn soldat à l'Executeur pour le
punir de quelque peine portant infamie, il doit
estre degradé des armes publiquement par son
Sergent Major.

En marchant il a charge de conduire le bagage
& le faire tenir en ordre.

Le Marechal de logis du regiment.

La charge du Marechal de logis est de loger le
regiment & distribuer les quartiers aux Four-

riers de chaque compagnie.

Il doit eftre ordinairement pres du Maiftre de Camp & aller tous les foirs chez le Marechal de Camp pour prendre l'ordre du defpartement & du rendez-vous d'icelle, & le faire fçauoir à fon Maiftre de Camp.

Quand le Marechal de Camp part, tous les Marechaux de logis tant de l'armée que des regimens, auec tous les Fourriers des compagnies, & vnè trentaine de foldats de chaque regiment le doiuent accompagner.

Les defpartemens des logis eftans faits par le Marechal de Camp, fes aides, & Marechaux de logis de l'armée, & deliurez aux Marechaux de logis des regimens, ils doiuent incontinent aduertir par vne couple de foldats leurs Maiftres de Camp du lieu où c'eft, & les y conduire.

Durant le temps que le Marechal de logis vifite les defpartemens toute fa trouppe d'arquebufiers doit faire le guet autour du lieu, & battre l'eftrade.

Il ordonne premierement le logis du Maiftre de Camp, & du Sergent Major, puis le fien au milieu du regiment s'il fe peut, apres il fait autant de quartiers qu'il y a d'Enfeignes, & les Fourriers de chaque compagnie choififfent les meilleurs logis pour les Capitaines, Lieutenans, & Enfeignes.

Les Marechaux des logis des regimens doiuent faire tirer les bulletins aux Fourriers chacun en fon rang pour leur quartier.

Ils

Ils doiuent eſtre informez du logis de toute l'armée pour ſçauoir à qui donner, ou de qui receuoir ſecours en cas de neceſſité.

S'il faut loger en plaine campaigne le Marechal de logis de l'armée donnera au Marechal de logis du regiment la place & le lieu qu'il doit occuper, & le Marechal de logis du regiment deſpartira la place aux Fourriers.

Du Sergent Major.

Sa charge porte qu'il entre chez le Marechal de l'armée à toute heure, qui parle & ſçache de luy quand, où, & comment ſon regiment doit marcher, ſi ſeul ou en compagnie, ſi en vn bataillon, ou en pluſieurs, & en quelle forme.

C'eſt à luy de donner l'ordre comment les compagnies doiuent marcher, tellemen: que ſa charge luy donne auctorité & commandement ſur tous les Capitaines de ſon regiment, il doit eſtre fort experimenté & prattiqué en ſon meſtier, & principalement à mettre ſes gens en bataille, & remettre apres eſtre rompus, & en telle forme qu'on luy commandera.

Il doit ſçauoir du General ſi ſon regiment marchera à l'auant-garde, à la bataille ou à l'arriere-garde, doit aller pour cognoiſtre le païs, pour ſçauoir s'il eſt large ou eſtroict, & comme il y faudroit marcher, & quel ordre il y faudróit tenir pour n'eſtre rompu de la Cauallerie, de l'artillerie, ny du bagage: eſtant preſt à partir il comman-

K

de au Tambour general de sonner, & celuy là aux
autres; il en aduertit les Capitaines, fait sortir les
drapeaux du quartier, dresse son bataillon, & ordonne à chaque Capitaine le rang où il doit estre
ce iour là.

Ayant dressé son bataillon il le doit voir partir,
& voir partir son regiment pour voir s'il est en
bon ordre, & le Maiistre de Camp le conduira se
tenant à la teste; & le Sergent Ma,or se tiendra le
plus souuent qu'il pourra pres du General en marchant, pour voir s'il n'y auroit aucun nouuel ordre a receuoir.

S'il y a quelque difficulté de passage le Sergent
Major se trouuera là auec son regiment pour empescher le desordre & le reordóner s'il s'estoit desordonné: auparauant que le regiment entre en
son logis le Sergent Ma,or le doit aller recognoistre, ou faire recognoistre, puis reuenir au bataillon & donner licence aux Enseignes de se loger,
sinon celles qui sont en rang de garde qui doiuent entrer en corps de garde, & poser leurs sentinelles, tant qu'il vienne le tour des autres.

Or le logis du regiment sera ou en campagne,
ou à couuert: S'il loge en campagne, ou le regiment est seul, ou il est en compagnie d'autres: s'il
est seul le Sergent Ma,or le doit barricader, ou retrancher, ou fermer de chariots ou autres ferme-
tures de camp: apres il doit poser ses corps de gardes tout à l'entour du logis, & les sentinelles si
proches l'vne de l'autre qu'elles s'entendent parler estans à quatre vingts ou cét pas loin du corps

de garde: elles doiuent eſtre doubles, c'eſt à dire
de deux hommes, d'vn harquebuſier, & d'vn pic-
quier, qui auront le mot, & à cinq cens pas d'elles
faut mettre d'autres ſentinelles, ſimples qu'on appelle perduës; qui n'ont point le mot, en cas d'a-
larme la ſentinelle perduë ſe rendra à la ſentinelle
double, & en cas de neceſſité tous enſemble ayans
tiré leur arquebuſade ſe retireront au corps de
garde. Le Sergent Major doit ſouuent & à diuerſes heures de la nuict viſiter ſes corps de gardes,
comme les Caporals leurs ſentinelles.

S'il y a pluſieurs regimens ils ſe fermeront de
chariots, ou ſe retrancheront, & chacun prendra
ſon quartier & fera ſa garde, comme i'ay dit.

Si l'alarme ſe donne au camp, le Sergent Major ſe doit rendre en la place d'armes du regiment, & former là ſon bataillon, & enuoyer doubler les gardes du coſté que ſe donne l'alarme, &
donner aduis à ſon Maiſtre de Camp & au Colonel de l'Infanterie, s'il y eſt, de ce qui ſe paſſe, & ne
ſe doiuent retirer les Enſeignes que le General,
ou Maiſtre de Camp, ou Sergent Major ne les
congedie.

Aucun Drapeau ne doit ſortir de ſa poſte ſans
congé du Sergent Major ou de ſon aide, ny y en-
tret: on ne doit iamais changer aucun ordre que
par iceluy, car il ne le faict que par l'ordonnance
du General ou Maiſtre de Camp.

Tout ce qui ſe doit deſpartir au regiment de
toutes ſortes de munitions ſe doit deliurer au Sergent Major, qui en doit faire les deſpartemes aux

K ij

compagnies,& a charge de pouruoir à toutes les
neceſſitez de ſon regiment, d'enuoyer les malades aux Hoſpitaux , commander au Preuoſt de
fournir de charroy.

Les Capitaines doiuent receuoir les commandemens de l'aide du Sergent Major,comme ſi ce-
ſtoit luy-meſme , les Mareſchaux de logis font
communement cet office.

Le Sergent Major doit prendre le mot du General, s'il n'y eſt,du Colonel, ou du Marechal de
Camp general , ou de ſon Maiſtre de Camp, en
deffaut de ceux là il le donne.

Au iour d'vne bataille il ne ſe doit point mettre
à pied au rang des Capitaines, mais doit eſtre à
cheual,tantoſt à la queuë, tantoſt à la teſte, & re-
ordonner ce qui ſe pourroit deſordonner.

Si le regiment loge à couuert, le Sergent Major
doit recognoiſtre la place dedans & dehors, les
foſſez, les portes , & les murailles , ordonnant les
endroicts des corps de gardes & les ſentinelles,
& le chemin des rondes à ce qu'il ſoit libre.

Il doit choiſir vn endroit pour faire la place d'armes du regiment où ſe doiuent aſſembler les
compagnies ſuruenant vne alarme.

Apres cela il doit mener ſon regiment en ordre
en ceſte place d'armes,poſer ſes gardes aux portes
& aux murailles : cela faict il donnera congé aux
Capitaines de s'aller loger chacun à ſon quartier
de ville , leur donnant ordre ſigné de ſa main du
lieu où ils ſe doiuent rédre , en cas d'alarme ou de
ſiege, lequel ordre il peut changer à toute heure

que bon luy femblera, car les compagnies ne doiuent iamais eftre affeurées du lieu de leur pofte, fi
ce n'eft pour le rendez-vous dans la ville, mais
non pas pour le quartier des murailles ; car le Sergent Major doit à toutes les fois faire ietter lo
fort aux compagnies pour fçauoir l'endroict des
murailles qui leur efcherra.

Il doit auoir le foin de faire rabiller les ponts,
corps de gardes, & guerites, s'ils en ont befoin, &
d'auoir du bois, flambeaux, lanternes & falots,
pour les gardes.

Il doit faire entrer les compagnies en garde fur
les onze heures du matin, il doit ouurir les portes
& les fermer au leuer & coucher du Soleil, & affeoir les gardes des murailles incontinent que la
porte eft fermée, & les leuer apres l'ouuerture.

Les Sergens qui font de garde doiuent eftre
prefens à l'ouuerture & clofture des portes, &
porter les clefs de la ville chez le Sergent Major,
& luy au Gouuerneur : mais il eft meilleur que lo
Sergent Major y affifte, & au pofer des gardes lo
plus qu'il pourra.

Il doit auoir vn roolle de tous les foldats de chaque compagnie felon qu'ils font paffez à la monftre, figné du Commiffaire ou Threforier qui l'aura faite, & en cas qu'il ne trouue autant de foldats
à fa garde les officiers des compagnies luy en doiuent rendre compte, par ce que c'eft à luy à rendre raifon au General de fon regiment.

K iiij

Du Sergent ou Marechal de bataille.

Le Sergent de bataille de l'armée reçoit du General le plan de la forme qu'il veut donner à son armée, la disposition & siette des membres, Caualllerie, Infanterie, & artillerie, l'ordre qu'ils doiuent tenir au combat, auec commission signée du General de la disposer ainsi.

A ceste commission toute l'armée doit obeïr, & le Sergent de bataille auec les Marechaux de Camp la disposeront selon la forme & lieu que le General aura prescript.

Du Marechal de logis de l'armée.

Il a telle charge sur toute l'armée qu'a le Marechal de logis du regiment sur tout le regiment.

Du Maistre de Camp.

Le Maistre de Camp doit estre homme d'authorité & de respect pour commander absolument à ses Capitaines, desquels il se doit faire aimer & reuerer, ce que sa vaillance & modestie luy doiuent acquerir.

Les regimens estans ensemble marchent selon que le Roy leur a donné de préeminence, & au lieu que le General leur a ordonné, en l'auantgarde bataille ou arriere garde.

A vn siege de ville le Marechal de Camp apres

auoir distribué vn quartier au Maistre de Camp pour faire sa garde, n'a plus rien à voir sur luy, car il est là absolu en l'absence du Colonel.

Sa charge principalle est de mener son regiment au combat estant à la teste d'iceluy.

Il doit visiter ses bataillons & faire bien ordonner ses gardes, & les faire changer, & releuer, & ses tranchées, les faisant bien couurir pour entrer en garde, & voir si chaque officier fait bien son deuoir, & si les trauaux sont bien ordonnez.

Il doit voir comme ses compagnies sont fournies, quelles armes elles ont & quels exercices elles font, & commander aux officiers ce qu'il faut qu'ils facent.

Ils doiuent auoir d'armes propres pour fournir aux ingenieurs & desseigneurs, & des outils pour les pionniers, mineurs & sapeurs.

En l'armée le Maistre de Camp ne peut donner congé à vn soldat de se retirer de son regiment, mais bien de changer de compagnie. cela n'appartient qu'au General, il doit estre appellé au côseil par son General, mesmement quand il s'y traicte chose qui a esgard à sa charge, où il oyra l'opinion des autres, dira librement la sienne, & si c'est chose d'importance & qu'il voye que son opinion soit bonne : mais que pourtant la plus forte contraire l'emporte, il doit faire escrire son opinion pour se purger deuant son souuerain, en cas que l'execution du conseil reüssisse mal, ce pendant il doit ceder à la pluralité des voix & obeïr entierement à son General, & se porter par tout où il luy sera commandé, donnant à cognoistre que la contraire opinion qu'il a euë au conseil n'estoit ny à faute de courage, ny à faute de bonne affection.

Le Maistre de Camp doit rendre toute sorte d'obeïssance au General de l'armée, & au Colonel de l'Infanterie, car ils ont absoluë puissance de le commander, & au Marechal de Camp General comme ayant la charge du General de donner les ordres, le quartier, la place d'armes, le champ de bataille, faire marcher, loger, desloger, entrer en garde, conuoyer, &c.

Les aides du Marechal de Camp, General ny le Sergent de bataille ne luy peuuent rien commander d'eux mesmes, mais bien donner l'ordre signé du General, ou du Marechal General de l'armée, auec les plans & desseins du lieu des sises & places du combat, donnant commandement en vertu de cela.

Le Maistre de Camp ne peut créer aucuns officiers en son regiment si ce n'est auec l'adueu du Colonel.

Du Marechal de Camp.

Il doit estre valeureux, iudicieux & expert pour remedier à beaucoup de choses fortuites.

Il doit arriuer le premier au rendez-vous de l'armée pour y receuoir les trouppes, disposer le despartement des logis, tant pour la Cauallerie, Infanterie, que pour l'artillerie, munitions, viures,

Preuosts, pionniers, guides, espies, viuandiers.

Il faut qu'il face sçauoir au General tout l'estat du camp, & lors le General luy donnera l'ordre & disposition de son armée, lequel il fera entendre à tous les chefs de cheual & de pied, leur enuoyant le reglement.

Il doit dresser l'ordre des gardes du camp, des conuois & escortes, & faire publier & obseruer les loix & ordonnances.

Il doit cognoistre les passages par où l'armée doit passer, pour sçauoir quel ordre il faut tenir: pour ce faire il prendra trois ou quatre compaignies de cheuaux legers, de celles qui doiuent entrer en garde la nuict suiuante, lesquelles on aduertit dés le soir pour se tenir prestes pour le lendemain matin & se trouuer au rendez-vous qui leur sera donné, se rangeant sous la cornette dudit Marechal de Camp auec les Marechaux de logis, les Commissaires des viures, & de l'artillerie, Fourriers, pionniers, ingenieurs.

En marchant il enuoyera vne compagnie deuant & vne sur chaque main, qui enuoyeront deuant cinq ou six coureurs pour descouurir la campagne comme enfans perdus.

S'il suruient alarme il doit recognoistre ce que c'est, ne la prenant pas mal à propos, aussi ne doit il point attendre si tard qu'il faille fuïr, mais aduertira le General pour estre secouru, & afin que l'armée aye loisir de se mettre en bataille. S'il arriue en seureté au rendez-vous de l'armée il doit enuoyer ses compagnies vne demy-lieuë ou plus

par delà pour recognoistre le païs, & sçauoir des
nouuelles de l'ennemy, ce-pendant il marquera
l'assiette & place du camp, & l'ayant desseignée en
general, les Marechaux des logis de l'armée en feront le despartement, & le deliureront aux Marechaux de logis des regimens.

En fin les Marechaux de Camp doiuent loger
toute l'armée, estre les premiers à monter à cheual, & les derniers à descendre, estans tousiours
presens à toutes les motions de l'armée.

Il doit prendre le mot du Lieutenant General
de l'armée pour le bailler à tous les officiers du
camp qui le doiuent aller querir chez luy.

Le Colonel de la Cauallerie legere, & le Maistre de Camp d'icelle, le Colonel de l'Infanterie,
& le grand Maistre de l'artillerie prennent le mot
du General de l'armée s'ils ne le veulent prendre
du Marechal de Camp.

Du Commissaire General des viures.

Les Commissaires generaux des viures doiuent
sçauoir le nombre des hommes, qu'ils doiuent
nourrir, le lieu où il faut porter les munitions,
quand c'est qu'on commencera à les distribue, &
combien de temps cela durera, afin de faire prouision de bled, & faire cuire le pain.

Le bled se mesure ainsi à Paris: le muid a douze
septiers, le septier douze boisseaux; le septier de
froment pese pres de deux cens quarante liures,
& du metail deux cens vingt liures.

Le metail des munitions est de deux tiers de bled & vn tiers de seigle, le boisseau de ce metail pese enuiron dix huict liures, on en tire trois liures de son & quinze liures de farine qu'on paistrit auec dix liures d'eau, dont la paste pese vingt-cinq liures, de seize onces la liure, & en reuient de pain rassis pres de vingt liures, onze onces de paste reuiennent à dix de pain rassis.

On donne à chaque soldat deux pains par iour pesant dix onces chacun, & vne pinte de vin mesure de Paris. de telles qu'il y en a deux cens quatre vingts dix au muid, & les trois muids font le tonneau.

On ne nourrit point la Cauallerie de pain d'amunition d'autant qu'on la loge ordinairement à couuert aux bourgs & villages, les charettes à porter les pains d'amunition sont faites en façon de tumbereaux, ou coffres, chacune est tirée à quatre cheuaux & porte quinze cens pains, & vn mulet auec des panniers d'osier en porte trois cens.

Il faut qu'il y ait trois fois autant de voiture qu'il en est de besoin pour porter les viures d'vn iour, comme pour nourrir cinq mil bouches il faut dix mil pains, & trente-cinq mulets pour les porter; estans triples feront cent cinq mulets qu'il faudra auoir, à sçauoir vn tiers pour aller querir, l'autre qui vienne, & l'autre qui descharge, on adiouste aussi ordinairement aux munitions vn quart de pain & de vin plus qu'il n'en faut.

Du Grand Maistre ou General de l'artillerie.

Il est absolu sur toute l'artillerie & officiers d'icelle, & ne recognoist que le Roy, & en l'armée le Lieutenant General.

Il doit tenir vn estat & inuentaire des pieces, poudres, boulets & equipages des pieces, & de tous les officiers de l'artillerie en tout le Royaume pour en instruire sa Majesté lors qu'elle auroit desir d'executer quelque dessein, comme d'assieger vne place, donner vne bataille en terre, ou en mer, ou munir ses places.

Il doit sçauoir les prouisions & appareils qu'il faut faire, comment, & en quel lieu les pieces doiuent estre placées, de quelle distance se doiuent tirer, de quelle qualité est la muraille qu'il veut abbattre, & qu'elle est la force de son artillerie.

Si vn soldat de l'armée a fait quelque malefice, s'il peut se ietter & mettre parmy l'artillerie il est en franchise, & ne le peut-on prendre là, si ce n'est le Preuost de l'artillerie qui le remettra entre les mains de son chef apres estre instruict de son mesfaict par son procez.

En la scituation des pieces il doit prendre garde que le lieu soit commode, qu'il soit facile à deffendre par les soldats, qu'ils puissent facilement escarmoucher, qu'en cas de necessité on peut retirer bien tost les pieces, qu'elles descouurent, commandent, & battent à plomb, & que leur distance ne soit pas excessiue.

Les soldats ordonnez pour la garde de l'artillerie n'en doiuent pas approcher de cinquante pas
prés.

Le Grand Maistre doit presenter tous les ans
l'estat des officiers de l'artillerie au Roy, il remplit
les estats vacquans du nom de telles personnes
que bon luy semble, puis le Roy les confirme ou
oste à son plaisir, & le signe, & fait signer à vn Secretaire d'Estat. Cet estat se deliure au Thresorier
general de l'artillerie qui en poursuit les assigna-
tions & paye les officiers couchez audit estat en
luy baillant quittance.

Ses officiers sont, vn Lieutenát general, vn Garde general, deux Controolleurs generaux, vn
Thresorier general (qui paye selon le mandement
du grand Maistre) vn Marechal de logis & vn Preuost, & chacun d'eux a des Commissaires par tous
les Arsenacs & Hasteliers de France.

Il fait fondre, esprouuer, & monter l'artillerie,
achepte les metaux, bois, balles & ferremens, picques, mousquets & toutes sortes d'armes, pailles,
pioches, coignées, maillets, eschelles, &c. cheuaux, charettes, cordage, &c. fait composer les
poudres & feux d'artifice, & cela en tous les Magasins de France.

Du Colonel ou General de la Caualerie legere.

Il commande toute la Caualerie legere & Carabins, & en son absence le Maistre de Camp le
faict.

Le Maiſtre de Camp les loge, les mene, les enuoye à la guerre, leur donne l'ordre du combat, il eſt logé auec ſa Caualerie à la teſte de l'armée deuant icelle, enuoye recognoiſtre tous les iours les ennemis, rend compte chacun iour d'iceux & de leurs actions au Lieutenant General de l'armée.

Les Chefs des compagnies ſont, le Roy, Noſſeigneurs ſes fils, les Princes du ſang, le Colonel & le Maiſtre de Camp.

Sur toutes les compagnies il y a vn Marechal de logis & vn ou deux Fourriers generaux.

Et ſur chaque compagnie vn Capitaine, vn Lieutenant, vne Cornette, vn Marechal de logis, vn Fourrier, & vn Trompette.

Le deuoir de ſes compagnies eſt de battre touſiours les chemins & aduenuës par où l'ennemy pourroit venir, & eſtre touſiours autour de l'armée ennemie, partant il faut qu'ils facent de grandes & longues coruées, auſſi la nuict ils ne font garde qu'en leurs quartiers & pour eux ſeulement.

Aux ſieges des villes on les enuoye deuãt pour faire le deſgaſt, ſaiſir les paſſages, inueſtir les villes, eſcarmoucher & prendre des priſonniers, pour eſtre inſtruict par eux de l'eſtat de la ville.

Il n'eſt pas honteux aux cheuaux legers de ſe retirer au galop, car leur office eſt de combattre autant en ſe retirant qu'en aduançant, dix contre cinquante, trente contre cent: partant ils doiuent eſtre prattics à bien faire vne retraicte & ſe demeſler d'vne plus grande trouppe que la leur, & à la recharger en temps opportun, selon que le courage & entendement leur donnera resolution & que l'experience leur dictera.

Des Hommes d'Armes.

Le Connestable est le Colonel des Hommes d'Armes, & en son absence le Lieutenant general de l'armée.

Ils sont diuisez en compagnies de cent hommes, au moins celles du Roy, des Princes, du Connestable & des Marechaux de France, les autres ne sont pas si fortes.

Les officiers sont en chaque compagnie vn Capitaine, vn Lieutenant (aux compagnies des Princes il y a des sous-Lieutenans) vne Enseigne (qui est quarrée pour les gês d'armes) vn guidon (long & fendu pour les Archers) vn Marechal de logis, vn Fourrier & vn Trompette.

Ils sont disposez pour marcher, loger, & combattre en l'auant-garde, bataille ou arriere-garde selon l'ordre qu'en prescript le Connestable ou General de l'armée.

Les Capitaines choisissent à leur gré & donnent les places à tous les membres de leurs compagnies; mais ils n'en peuuent pas demettre aucun sans auoir failly au seruice du Roy.

Leur deuoir est de tenir ferme, marchant doucement, & iamais ne fuir, à cause de cela ils doiuent estre pesamment armez.

Du Colonel ou General de l'Infanterie.

La charge du Colonel s'eſtend ſur toute l'Infanterie beaucoup plus abſolument que celle d'vn Maiſtre de Camp ſur ſon regiment.

Il crée en tous les regimens les Sergens Majors, Preuoſts, Marechaux de logis, Chirurgiens & Aumoſniers.

La iuſtice ſe fait ſur toute l'Infanterie en ſon nom.

Il a la nomination & preſentation des Capitaines enuers ſa Majeſté, & la charge de l'inſtruire de la ſuffiſance ou incapacité des Maiſtres de Camp, lors que le Roy les pourueoit de ces charges, d'autant qu'il doit cognoiſtre tous ceux du Royaume qui en ſont capables comme ayant appris leur meſtier parmy l'Infanterie.

Le Conneſtable ou General de l'armée.

Il a commandement ſur toute l'armée.

Il doit ſçauoir tous les deuoirs & charges des officiers d'icelle, eſtre experimenté & de bon iugement, afin de pouuoir eſlire parmy beaucoup de differentes opinions, qui ſont touſiours aux conſeils, celle qui eſt la meilleure.

Il doit eſtre de grande auctorité en ſes commandemens, de grand courage aux combats, conſtant & reſolu au deſeſpoir, heureux en ſes entrepriſes, & pour eſtre tel il doit aimer & inuoquer Dieu, &

ſe le

se le rendre propice, qui luy donnera le iugement de bien disposer son armée & la rendre par sa bonne discipline, disposition, & ordre, non seulement capable de vaincre, qui est tout le pouuoir d'vn General, mais le rendra victorieux, qui depend du pouuoir & de la faueur du Dieu des armées.

Les bons succez ny les mauuais ne luy doiuent pas faire changer sa contenance, mais receuoir l'vn & l'autre modestement sans faire cognoistre en sa face les passions de son ame.

L'impatience, la paresse, la colere, la cruauté, ny l'enuie enuers ceux qui acquierent de la gloire soubs luy, ne doiuent pas loger en son ame.

Il doit estre resolu & auoir bien consulté l'occasion qu'il a de donner vne bataille plustost qu'hazarder toutes ses trouppes au combat, taschant de vaincre son ennemy autant par industrie que par force, comme en le surprenant desordonné, ses trouppes escartées, las, moüillé ou surpris de faim, de soif, de froid, ou quelque autre accident.

Il ne doit pas permettre les escarmouches s'il n'y voit beaucoup d'auantage : car en vainquant en ces petites occasions, le soldat en vient plus courageux, s'asseure du bon heur & bonne conduite des chefs & se persuade aisement la victoire.

Il se doit conseiller à beaucoup, mais ne dire iamais sa resolution à personne, ou bien à peu, par ce moyen il se rendra si practic, qu'il sçaura bien prendre garde au poinct & à l'instant des occasions pour s'en preualoir.

Il se doit faire bien aimer à tous, principalement aux Chefs, ne lasser ny fatiguer par trop son
armée pour crainte des maladies, faire fort exer-
cer ses bataillons à tous exercices de guerre, estre
rigoureux aux meschans, faisant faire prompte
iustice.

DES FEVX
d'artifice.

CHAPITRE XV.

I'AY dict au dixiesme chapitre de quelles
matieres l'on doit faire prouision pour
les feux d'artifices, icy ie dis comme on
les doit composer.

Pour faire des godrons ou tourteaux à esclairer.

Prenez de poix noire douze liures, graisse six liures, huille de lin six liures, colofon six liures, te-
rebentine deux liures, fondez tout cela ensemble
& mettez-y de corde d'arquebuse tant qu'elle
boiue toute la matiere, & qu'elle en soit toute em-
pastée, puis en faites des tourteaux.

Pour faire des torches contre la pluye & le vent.

Prenez des cordes faites de fin chanvre qui ne
soient gueres torses, de la grosseur du petit doigt,

battez lés d'vn maillet à ce quelles soient fort
douces, faites dissoudre du salpetre, & mettez
boüillir les cordes susdites en ceste eau, puis les
laissez seicher. Faites vne paste de souphre & poudre (pillez ensemble) destrampée d'huile de lin
tant qu'elle soit liquide, & de ceste liqueur abreu-
uez vos cordes & les laissez de rechef seicher puis
prendrez trois parts de cire, deux de poix-resine,
vne de souphre, vne de poix noire demie de tere-
bentine, vn quart de partie de camphre, & fondre
& mesler bien tout cela ensemble, puis en couurir
vos cordes en façon de cierge, & en ioindre quatre ensemble, & au milieu d'elles vn baston de saule gros comme le doigt, preparé comme les meches ou cordes susdites.

Pour dissoudre le salpetre.

Mettez sur vne liure de salpetre deux onces
d'eau, puis le mettez dissoudre sur le feu dans vn
chaudron. Il se dissoult (mais non pas si facilement) tout seul.

Pour mettre le salpetre en fleurs.

Faites dissoudre du salpetre sur le feu puis le remuez auec vn baston tant qu'il reuienne comme
de la farine.

L ij

Pour mettre le salpetre en roche.

Il le faut faire fondre seul dans vn chaudron,&
puis le laisser refroidir.

Pour faire des fleurs de souphre.

Faites dissoudre du souphre dans vn alambic,&
les fleurs s'amasseront autour de la chappe.
Pour ameliorer les fleurs de souphre fondez les,
& les iettez en grenaille dans de fort vinaigre.
Pour faire vn souphre excellent prenez vne partie de fleurs de souphre, fondez-lés, mettez y dedans demy partie d'argent vif, & le remuez doucement sur vn petit feu tant que tout soit bien
meslé, puis l'esteignez dans du fort vinaigre.

Pour faire d'excellent charbon.

Prenez des houssines de coudre ou de saule ou
sep de vigne, mettez les en petites parties dans vn
pot de terre bien couuert, & puis mettez ce pot
dans le feu tant que ces houssines soient bruslées,
leur charbon est fort bon.

Pour faire de bonne poudre d'harquebuse
& de pistolet.

Prenez sept parties de salpetre, vne partie de
souphre,& vne partie & vn quart de charbon, ou

bien huiᶜt parties de ſalpetre, vne partie de ſouphre, & vne partie & vn cinquieſme de charbon.
l'illez cela enſemble tres-fort & l'arrouſez de bon
vinaigre, puis le mettez en graine.

Pour faire la roche de feu.

Prenez vne partie de ſouphre commun & le
fondez en vn pot de terre, mettez y dedans eſtant
fondu demie partie de poudre en groſſe graine
bien ſeiche, ſalpetre vn quart de partie, camphre
pillé vn quart, mettez ces matieres enſemble peu
à peu eſtât bien meſlées, verſez le tout ſur le plan-
cher & vous aurez la roche de feu.

Pour faire des fagots ardents à ietter dans le foſſé, pour eſclairer la nuiᶜt.

Prenez la roche de feu & la fondez, puis en oignez des fagots, ou bien les oindrez auec de te-
rebentine.

Pour faire des balles ardentes à mettre le feu.

Prenez de la roche de feu vne part, de ſalpetre
vne part, de camphre vn quart de partie, poudre
fine la huiᶜtieſme partie d'vne part, pillez chacun
ſeparement, puis les meſlez enſemble auec la
main, & le mettez dans vne balle creuſe percée en
diuers endroiᶜts, auec de l'eſtopin parmy.

Autrement.

Prenez vne partie de camphre, vne partie de falpetre, demie partie de fouphre, vn tiers de partie
de charbon, le tout mis en poudre impalpable,
puis deftrampé auec de l'huile petrol tant que la
matiere fe mette en grumeaux & mife feicher,
tant plus elle eft vieille tant meilleure elle eft, puis
en faut charger des balles creufes percées affez
gros, & y donner le feu auec de l'eftoupin.

Pour faire l'eftoupin.

Ayez demie partie de poudre, vne partie de falpetre, le huictiefme d'vne partie de camphre, vne
partie d'eau de vie, le huictiefme d'vne partie de
vinaigre, faites fondre cela enfemble, eftant dif-
fouli mettez-y du coton filé, ou efcarpy, tant qu'il
boiue tout cela chaudement & vous aurez vn
eftoupin fort violent.

Pour faire vne lance à feu.

Prenez vne piece de bois leger de la longueur
de trois pieds & demy, ou de quatre, & le percez
d'vn bout à l'autre, d'vn trou gros d'vn pouce de
diametre, vniffez bien le bois dedans & dehors
qui doit eftre efpais d'vn pouce, & par tout efgal,
plantez à l'vn des bouts vne demy-picque, qui entre demy pied dans le trou, & le cloüez tres-bien,

attachez auec forte fiſſelle la trompe de la lance
toutautour, puis l'oignez & godronnez auec de
la poix reſine & de la cire fondus enſemble pour
la côſeruer de l'eau. La mixtion des poudres ſont
douze parties de ſalpetre, ſix de ſouphre, ſix de
poudre à canon, ſix de poudre de plomb, deux de
verre moyennement battu, deux d'argent vif, &
vne de ſel armoniac, battez toutes ces matieres à
part, puis les meſlez enſemble & en faites vne pa-
ſte auec d'huille de petrol qui ſoit plus dure que
molle, apres ayez des eſtoupes, & en faites des pe-
lottes auec la ſuſdite mixtion de la groſſeur du calibre de la lance, & les laiſſez ſeicher, & les liez
auec du fil de fer deſlié. Pour charger la lance mettez vne charge de poudre pillée au fonds de la
trompe ſans la fouler gueres, mettez là deſſus vne
pelotte, puis vn peu de voſtre mixtion deſſus, re-
petez cela tant que voſtre bois ſoit remply, aug-
mentant les charges de la poudre, de ſorte que la
derniere couche ſoit de deux charges, l'on met
le feu à ceſte lance par la bouche auec vn eſtou-
pin.

*Figure de diuers inſtrumens à ietter les
feux d'artifice.*

L iiij

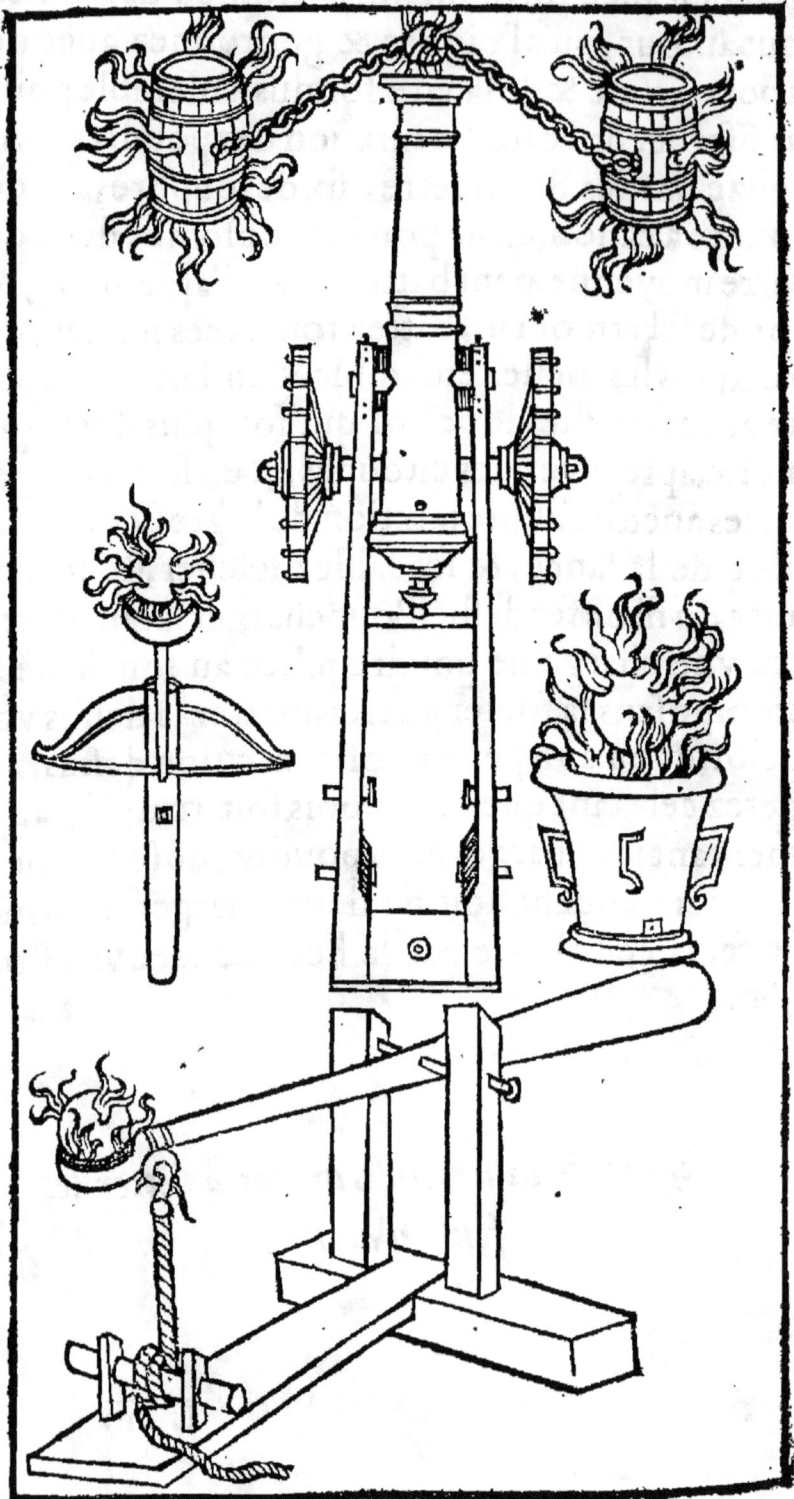

DE LA MILICE
des Grecs.

CHAPITRE XVI.

LES gens de pied eſtoient diuiſez en deux eſpeces, à ſçauoir de picquiers & des tireurs de trait.

Les picquiers portoient vne targe ou vn corſelet, & des greues, vne picque longue de quatorze à ſeize coudées, & vne eſpée.

Les plus robuſtes ſe couuroient d'vn rondache d'airain Macedonique ayant huict paumes de diametre.

Tous les picquiers eſtoient appellez peſamment armez.

Les tireurs de trait (qu'on appelloit les legerement armez) portoient des targes d'oſier, des arcs, des jauelots & des fondes.

La diſpoſition des ſoldats peſamment armez eſtoit telle, ſeize hommes faiſoient vne file, le premier ou chef de file auoit commandement ſur toute, le huictieſme eſtoit ſerre demy-file, le neufieſme chef de demy-file, & le ſeizieſme ſerre file.

Toute la file ſe diuiſoit en quatre parties eſgales, & le premier ſoldat d'vne chacune quaderne

s'appelloit quartenier, & auoit commandement
fur les trois autres.

S'enfuit la file.

Chef de file. Premier quartenier.

Second quartenier.

Serre demy file.
Chef de demy file. Troisiesme quartenier.

Quatriesme quartenier

Serre file.

Vne compagnie auoît feize files qui faifoit deux
cens cinquante fix foldats.

Les officiers fur vne compagnie eftoient vn
Capitaine. A. Deux Centeniers. B. Quatre
Cap d'efcadres. C. Huiĉt Appointez. D. Sei-
ze Chefs de file. E. Seize ferre demy files.
H. Seize Chefs de demy file. G. Et feize fer-
re filles. F.

Outre ceux-là il y auoit vn'Enseigne, vn Sergent, vn Trompette, vn porteur de mot du guet,
& vn Heraut.

Figure d'vne compagnie.

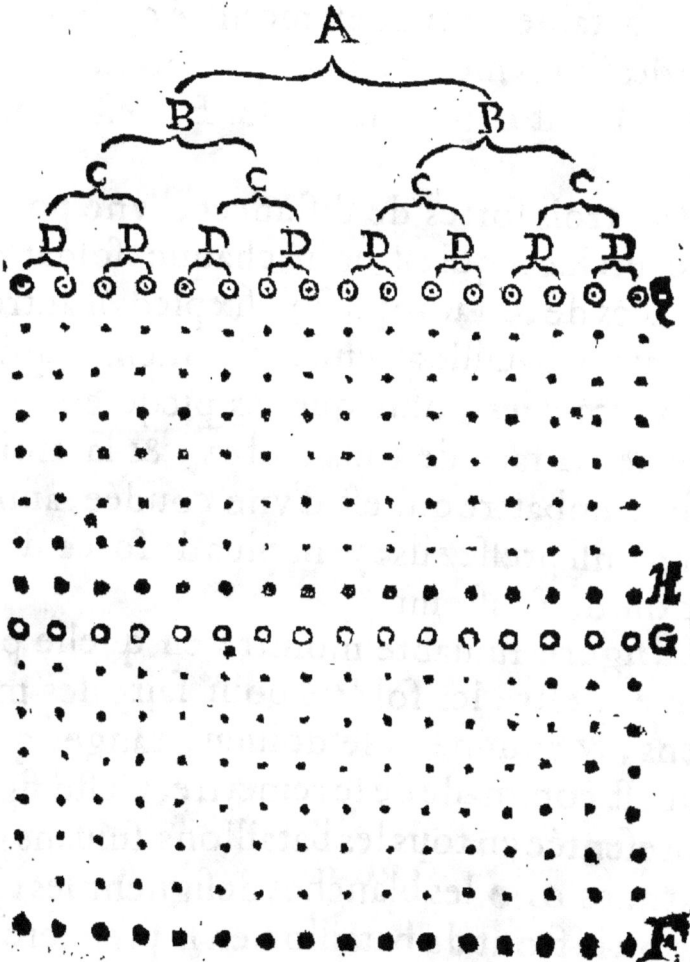

Les officiers auoient la charge d'inſtruire leurs ſoldats en tous les mouuemens militaires, or ces mouuemens eſtoient, de ſe mettre en bataille, tourner la face à main droite, à main gauche & en arriere, doubler les files & les rangs, faire les conuerſions & les euolutions.

Pour rendre cecy plus intelligible ie deſcriray chacun à part: premieremét la compagnie ſe range en bataille, comme eſt monſtré cy deſſus, apres elle dreſſe ſes files & ſes rangs, & prend ſes diſtances. E F. eſt la premiere file. E I. eſt le premier rang.

Il y a trois ſortes de diſtances, l'vne pour faire les exercices, qui eſt pour chaque ſoldat quatre coudées de terrain (qui ſont ſix pieds) l'autre pour ſe tenir en bataille attendant l'ennemy, qui eſt de deux coudées, afin que les picquiers puiſſent tourner la face de tous coſtez ; & la troiſieſme pour combattre qui eſt d'vne coudée, afin qu'eſtans ainſi preſſez ils ayent plus de force d'enfoncer ou de ſouſtenir.

La figure ſuiuante monſtre en quelle poſture doiuent eſtre les ſoldats pour faire les mouuemens, & comme ils ſe doiuent ranger quand il leur eſt commádé de ſe remettre. Ceſte figure eſt repreſentée en tous les bataillons ſuiuans par ces marques o. ● les blanches deſignent les chefs de file, ou le front du bataillon en ſa premiere poſture auant le commandement, & les noires les ſimples ſoldats: les petits poincts denotent le chemin que chaque ſoldat fait en ſe mouuant, les figures d'hommes monſtrent quelle poſture a le bataillon apres s'eſtre meu ſelon le commandement qui luy a eſté faict, & le chiffre marqué tant aux rangs qu'aux files les vnieſmes & deuxieſmes.

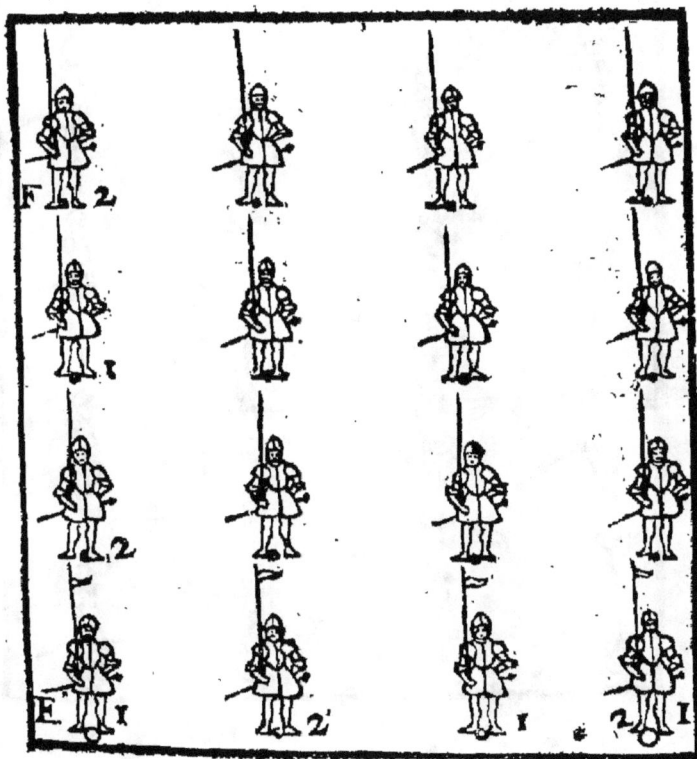

Pour faire tourner la face à main droite à tout
le bataillon, il faut que chaque soldat tourne sa
face où il auoit la main droite.

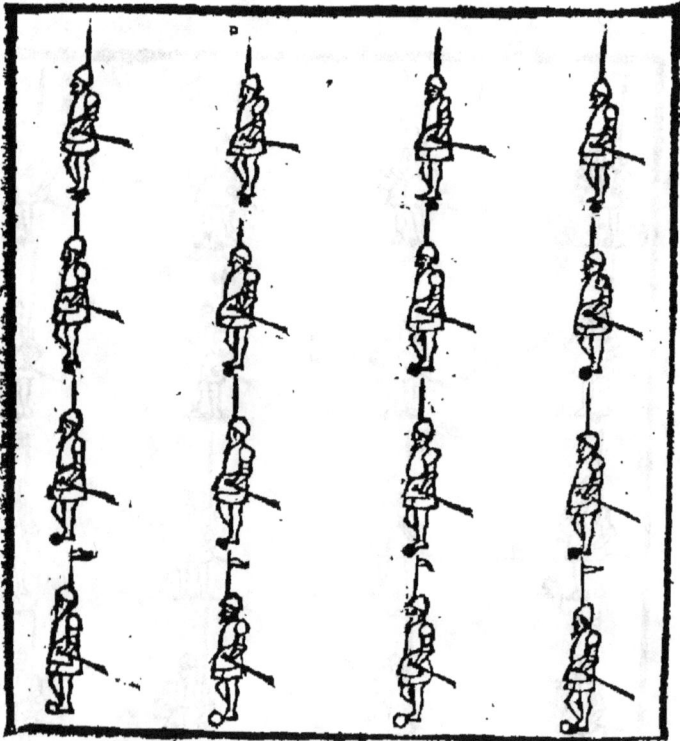

Pour faire tourner la face à tout le bataillon
vers la main gauche , il faut que chaque soldat
tourne sa face où il auoit la main gauche.

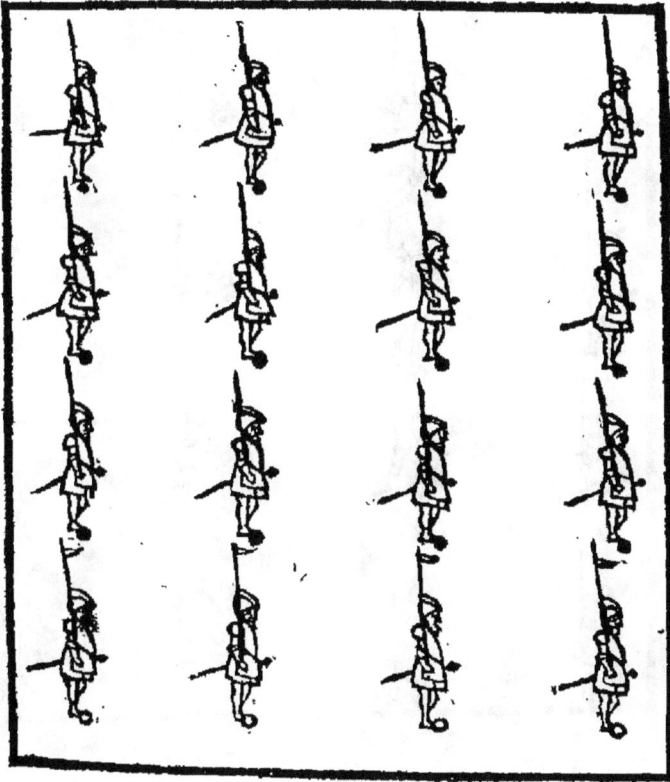

Pour faire tourner la face du bataillon en arriere, il faut que chaque soldat se tourne par sa
main droite tant qu'il aye sa face tournée où il
auoit le dos.

Doubler

Doubler les files, ou les rangs c'est d'en mettre deux en vn.

Doubler les files s'appelle doubler le fond, ou doubler la hauteur, doubler les rangs s'appelle doubler le frond.

L'on double les files en trois façons ou en mettant l'vne parmy l'autre, qu'on appelle doubler aux files.

En ceste façon les deuxiesmes files se meslent dans les vniesmes, & les chefs de file qui changent de place se mettent derriere les autres qui demeurent ferme & tous ses soldats chacun derriere celuy qu'il auoit à son costé droict.

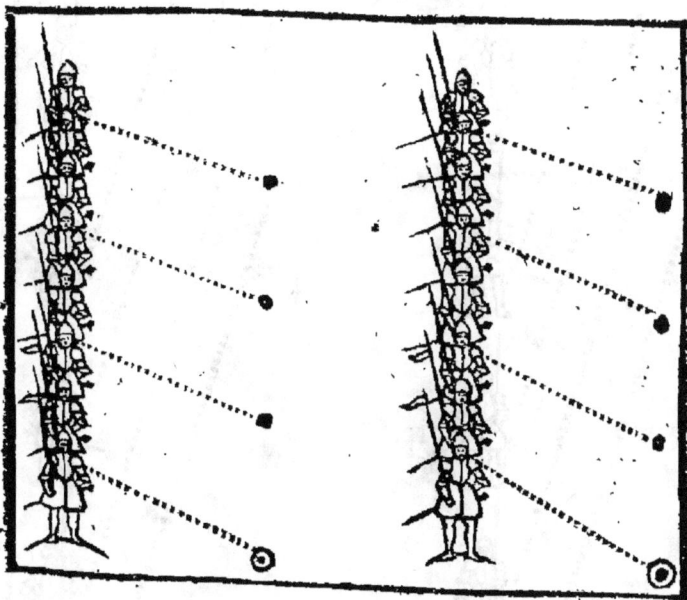

L'on double encore les files en mettant l'vne deuant l'autre qu'on appelle auancer les files, alors les vniesmes se mettent deuant les deuxiesmes, comme monstre la figure suiuante.

M

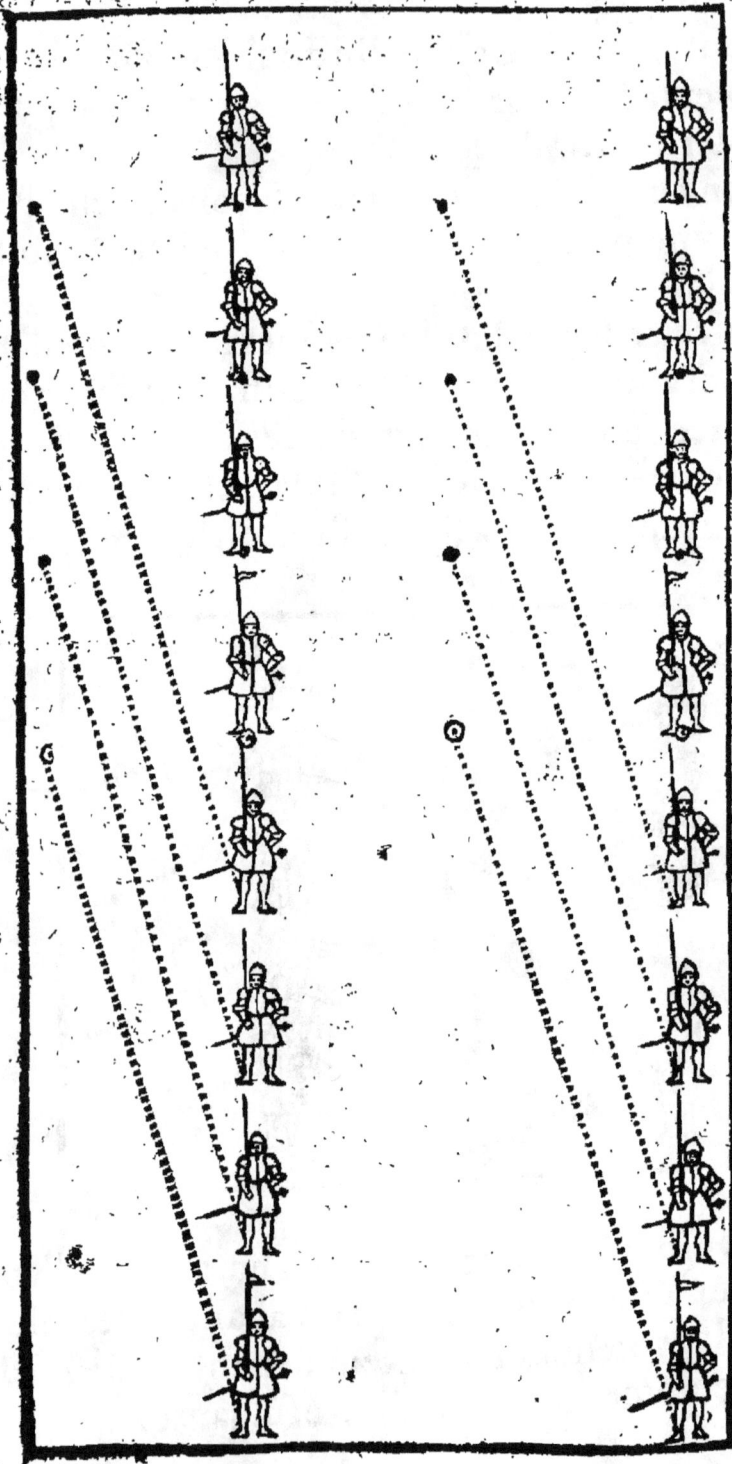

L'on double encore les files en faifant demeu-
rer ferme la moitié du bataillon qui eft à main
gauche, & aduancer l'autre moitié de la main
droite tant qu'elle foit plus auant que l'autre, puis
luy faire tourner la face à gauche & cheminer
tant qu'ils foient ioinêts, & apres leur faire remettre la face.

Les rangs fe doublent auffi en trois façons, ou
en fe mettant l'vn parmy l'autre qu'on appelle
doubler aux rangs : en cefte façon les deuxiefmes
rangs fe placent parmy les vniefmes.

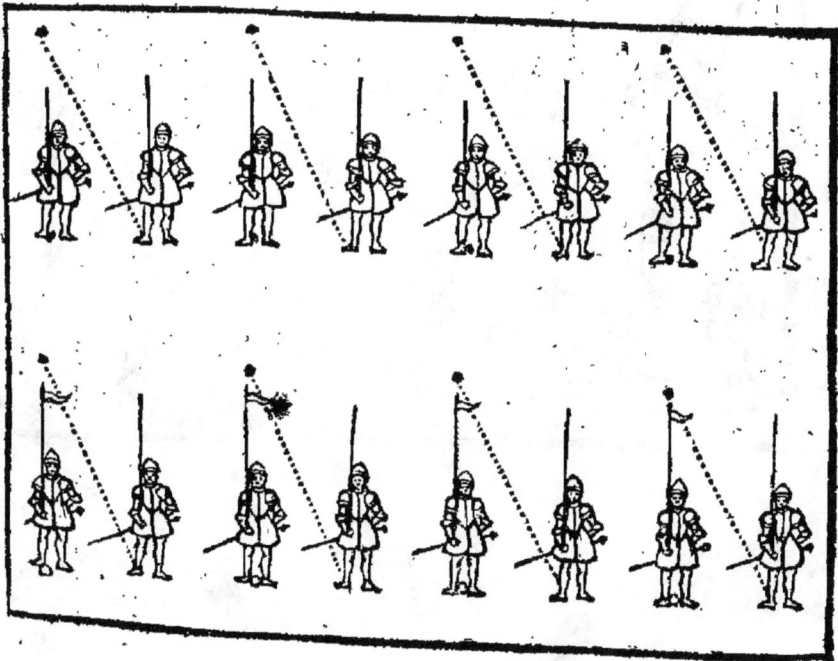

L'on double encore les rangs en faisant auancer les demy-files tant que leurs Chefs arriuent
au front du bataillon.

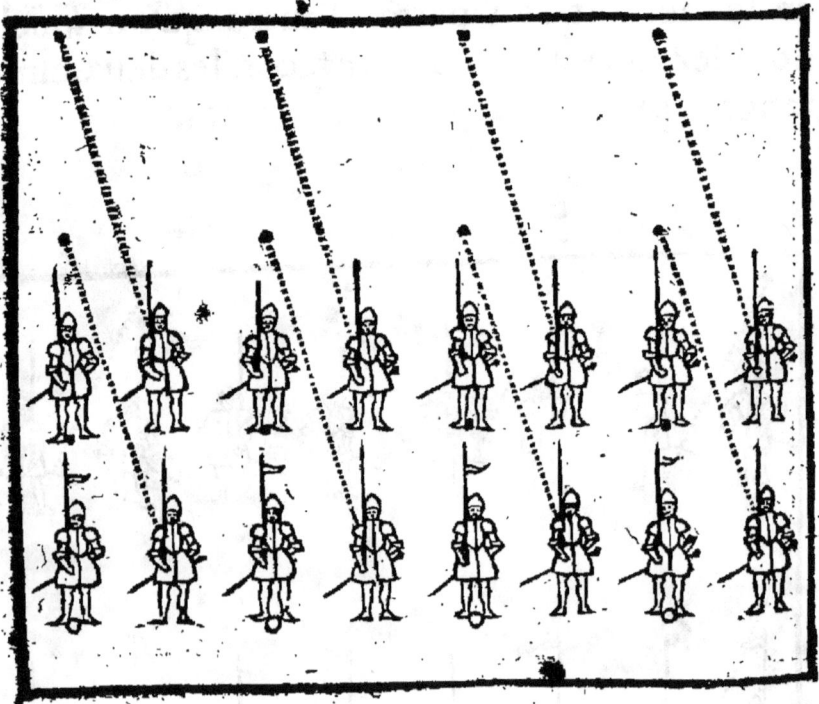

Les rangs se doublent aussi en ceste façon, le bataillon se diuise en deux, vne moitié deuant, l'autre moitié derriere, & celle de derriere se partit encore en deux, l'vne moitié vers la main droite, & l'autre vers la gauche, & chacune de ces parties s'aduance iusques à ce que les Chefs des demy files viennent au droit du front du bataillon.

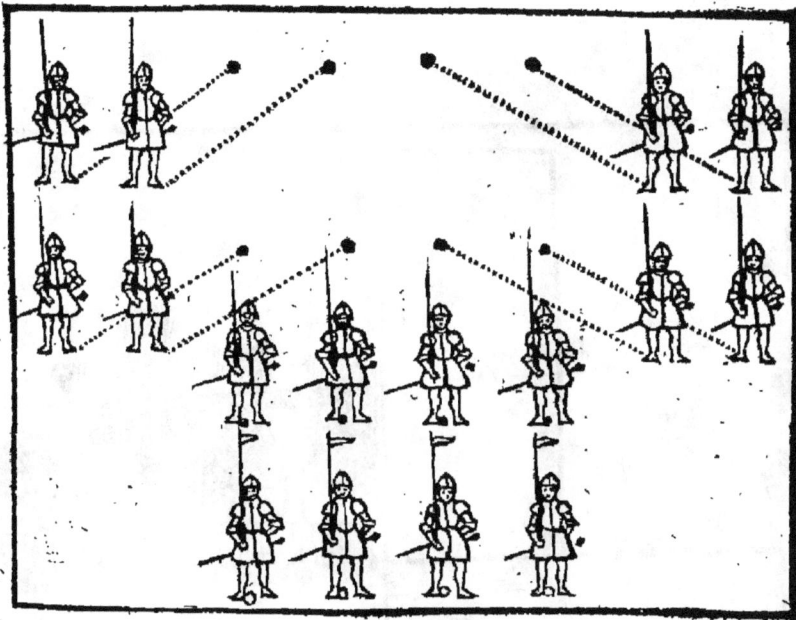

La conuersion est quand tout le corps du bataillon tourne, ce qui se fait aux angles du bataillon (sur le premier ou sur le dernier chef de file) ou sur le mitan du front (le chef de file du milieu d'iceluy seruant de centre) ou sur le centre du bataillon.

M iij

Quand le bataillon faict la conuersion sur le
premier chef de file, il tourne à main droite,
quand c'est sur le dernier il tourne à main gauche,
vn quart de tour s'appelle premiere conuersion,
comme quand le bataillon A. vient à occuper la
place, B. tournant sur le centre, E. Demy tour
s'appelle seconde conuersion, qui sera lors que le
bataillon occupera le terrain, C. trois quarts de
tour s'appelle troisiesme conuersion, qui sera
en D.

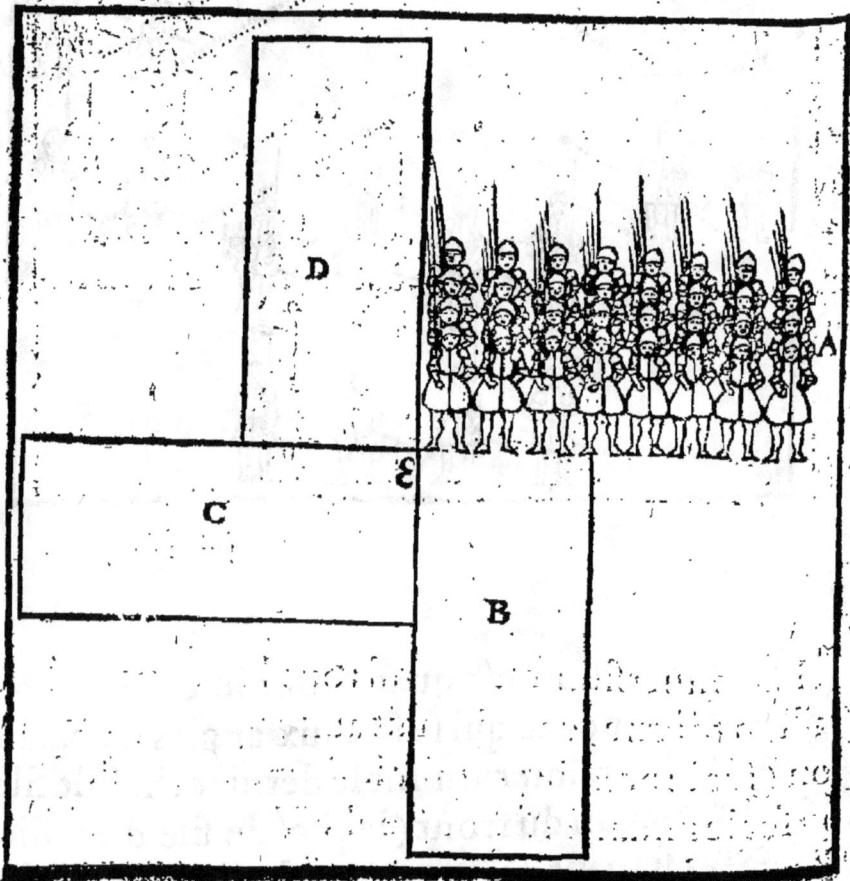

L'euolution est quand chaque soldat tournant la face en arriere change aussi de lieu, afin de changer les soldats d'vn coué de bataillon en vn autre.

Elle se faict par files & par rangs, & chacune de ces façons est triple, Macedonique, Laconique, & Persienne ou Cretoise.

L'euolution par files est faire tourner la face en arriere en façon que les chefs de file se trouuent deuant.

L'euolution Macedonique par files est quand le chef de file faict demy tour & demeure en son lieu, puis apres toute sa file se va ranger derriere luy chacun en son rang, partant le bataillon laisse deuant soy pour champ de bataille le lieu où il estoit placé, comme se voit en la figure suiuante.

M iiij

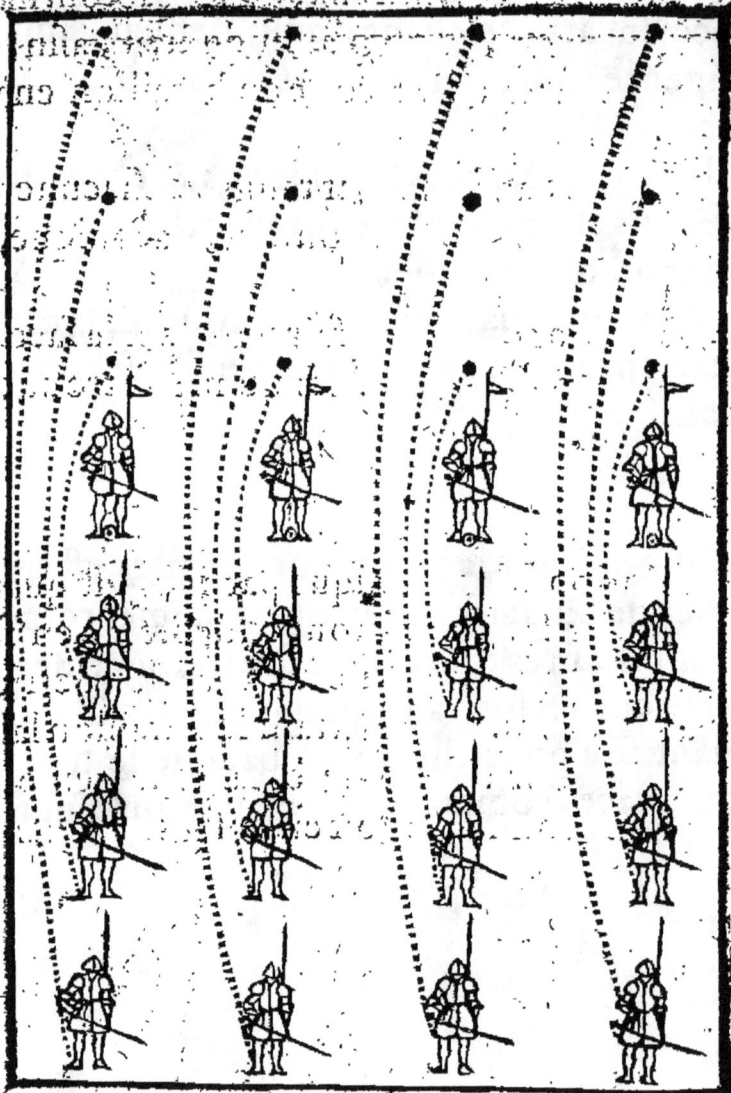

L'euolution Laconique par files eſt quand le
Chef de file faiſant demy tour fait ſuiure ſa file
apres luy, & la mene en autre terrain, laiſſant au
derriere le lieu où il eſtoit. Ou bien le ſerre file fait
demy tour & chacun de ſa file ſe vient mettre en
ſon rang deuant luy tant que le Chef de file ſoit à
la teſte.

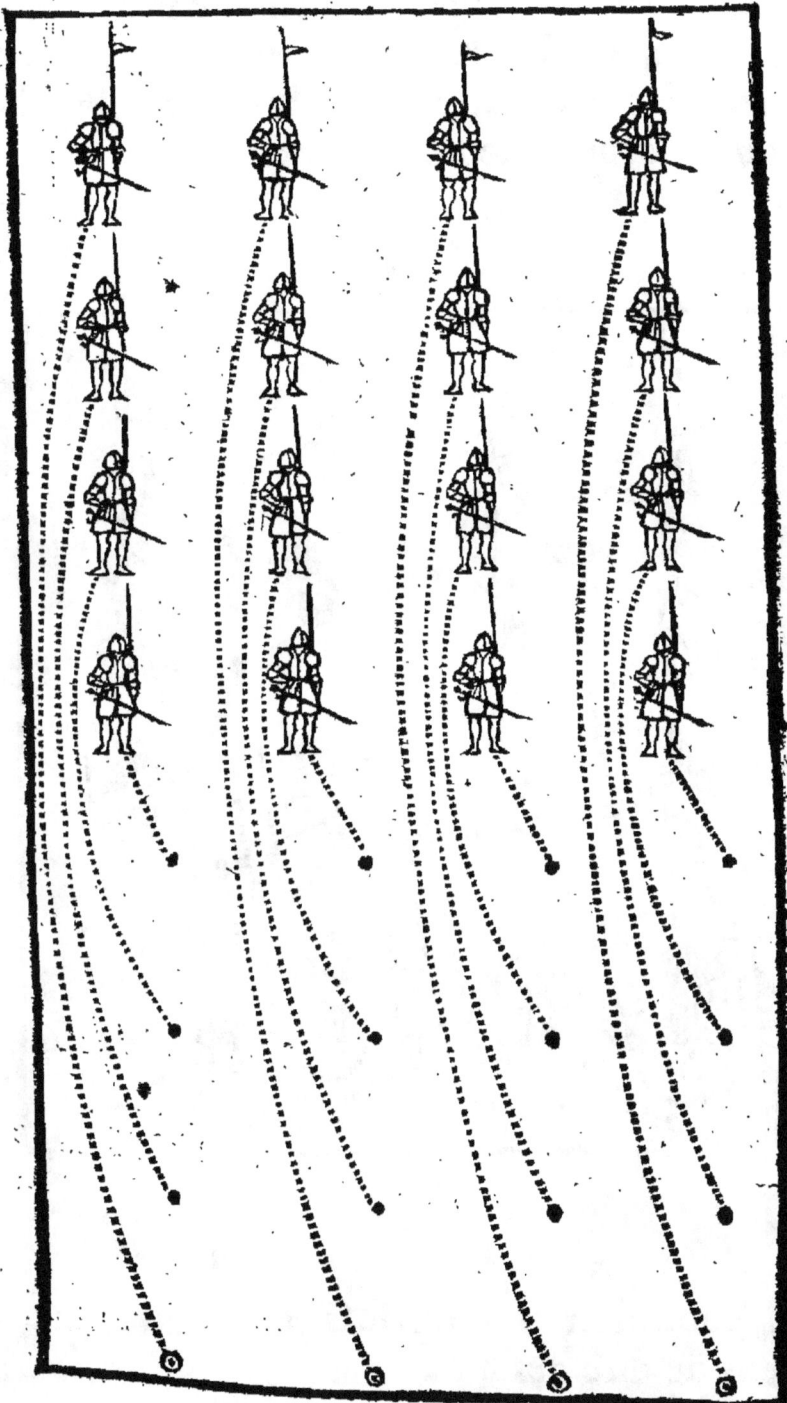

L'euolution Perſienne appellée contre-marche eſt quãd le chef de file faiſant demy tour mene ſa file apres ſoy, & vient au lieu du ſerre file &
le ſerre file va au lieu où eſtoit le chef de file, le bataillon occupant le meſme terrain.

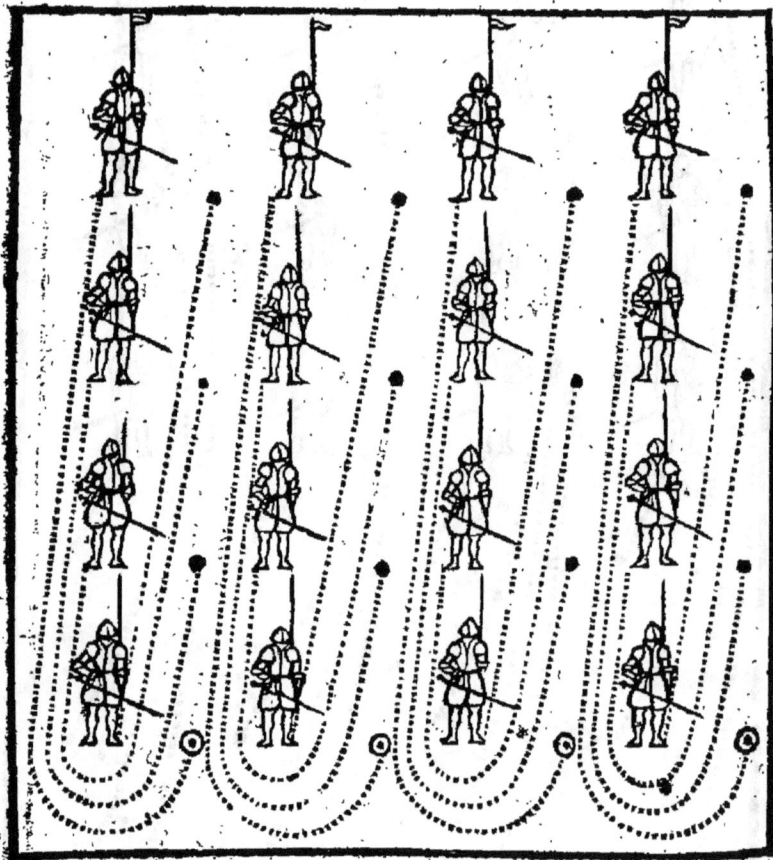

L'euolution par rangs ſe faict de meſme que ie
viens de dire des files.

Les mots des commandemens font, prenez vos
armes, mettez vous en bataille, dreffez vos files,
& vos rangs, prenez vos diftances, leuez les picques, à droict, remettez vous: à gauche, remettez
vous: demy tour, remettez vous: doublez aux files, remettez vous: auancez les files, remettez
vous: doublez aux rangs, remettez vous: aduancez demy files, remettez vous: doublez aux aifles,
remettez vous: faites la conuerfion, &c. remettez vous: faictes l'euolvtion, &c. remettez vous.

Seize compagnies faifoient vn regiment, qui
eftoit de quatre mille quatre vingts feize hommes & les officiers fur ce regiment eftoient vn
Maiftre de Camp. I. deux Lieutenans du Maiftre
de Camp. K. quatre aides du Maiftre de Camp.
L. huict Chefs de brigade. M. Les quarrez reprefentent les compagnies.

Regiment.

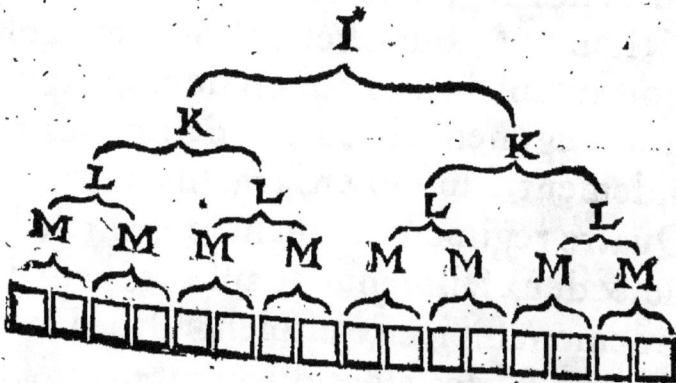

Quatre regimens faiſoient la bataille des gens
de pied peſamment armez, les deux de la main
droite s'appelloient l'aiſle ou corne droite, & les
deux de la main gauche, la corne gauche.

Les officiers ſur les quatre regimens eſtoient.
N. le Colonel des gens de pied. O. les aides du
Colonel. P. les regimens.

Front de la bataille des gens de pied peſamment armez.

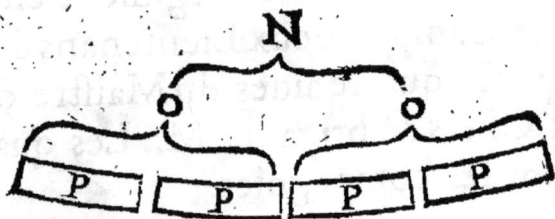

Voila quant aux gens de pied peſamment armez, qui ne differoient en rien quant à l'ordre
des legerement armez, excepté du nombre, car
les files des legerement armez n'eſtoit que de
huiſt hommes, tout le reſte eſtoit ſemblable: car il
y auoit autant de files, autant de compagnies, autant de regimens, & autant d'hommes de commandement, diſpoſez en la meſme façon.

Quatre regimens faiſoient le front de leur bataille, & deux faiſoient vne aiſle: les gens de commandement ſur iceux eſtoient Q. le Lieutenant
Colonel, R. les aides du Lieutenant Colonel
S. les regimens.

Front de la bataille des gens de pied legerement armez.

Quelquefois les gens de pied legerement armez marchoient deuant les pesamment armez:
quelquefois ils estoient sur les aisles de l'armée,
quelquefois parmy les picquiers, & quelquefois
au dos d'iceux.

Forme de la bataille des gens de pied quand les
pesamment armez marchoient deuant
les legerement armez.

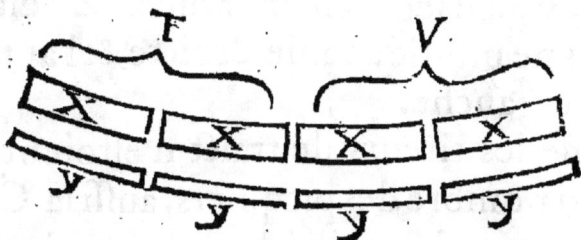

T. est la corne gauche. V. est la droite. X. les
regimens pesamment armez Y. les regimens legerement armez.

La Cauallerie se plaçoit quelquefois tout au
tour de l'armée par escadrons, quelquefois aux
aisles & derriere, quelquefois parmy l'armée aux
aisles des bataillons, & quelquefois sur les aisles
de l'armée seulement, ce qu'ils faisoient le plus
souuent, la diuisant en deux parties esgales, mettant la moitié sur l'aisle droicte, & l'autre moitié
sur l'aisle gauche.

Forme de l'armée rangée en bataille, tant l'In-fanterie que la Cauallerie.

X. sont les gens de pied pesamment armez. Y.
les gens de pied legerement armez Z. est la Cauallerie vne moitié à l'aisle droicte, & l'autre moitié à l'aisle gauche.

Comme les tireurs de traict n'estoient que la
moitié du nombre des picquiers, aussi la Cauall-
rie n'estoit que la moitié du nombre des tireurs
de traicts.

Les Perses & les Siciliens disposent leurs compagnies de Cauallerie en escadrós quarrez,com-
me font auiourd'huy les François: mais les Scy-

thes, les Thraces, & les Macedoniens les mettoient en triangle, & les Theſſaliens en l'oſange.

Ils rangeoient leurs cheuaux en ces triangles, &
l'oſange quelquefois par file, quelquefois par
rangs, en voicy les figures.

Capitaine.   Ilarchos.

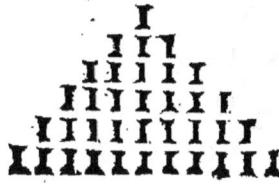

Ayde.   Plagiophilar-
                                chos.

Capitaine.   Ilarchos.

Ayde.   Plagiophilar-
                                chos.

Sergent.   Vrago.

Les Grecs disposoient leurs armées en plusieurs
façons, ce qui leur estoit fort facile de faire la pouuant alonger, espaissir, escarter, serrer, changer de
figure, & tourner la face où bon leur sembloit à
cause que leurs soldats estoient stilez à tous les
mouuemens susdits, & au son des trompettes en
vn instant la Cauallerie & l'Infanterie sçauoient
ce qu'ils auoient à faire.

Quelquefois leur armée marchoit d'vn front à
la façon susdite, quand ils auoient leurs ennemis
au deuant, quelquefois en deux quand ils l'auoit
aux aisles, quelquefois en quatre quand ils crai-
gnoient de tous les costez, autrefois en sizeaux,
en eschiquier, en croissant, & en manches.

En la figure suiuante sont representées six
dispositions de bataille.

A. Deux frons.

B. Quatre frons.

C. En sizeaux.

D. En eschiquier.

E. En croissant.

F. En manches.

♂ La Cauallerie.

⚇ Les tireurs de traict.

н Les picquiers.

Vn

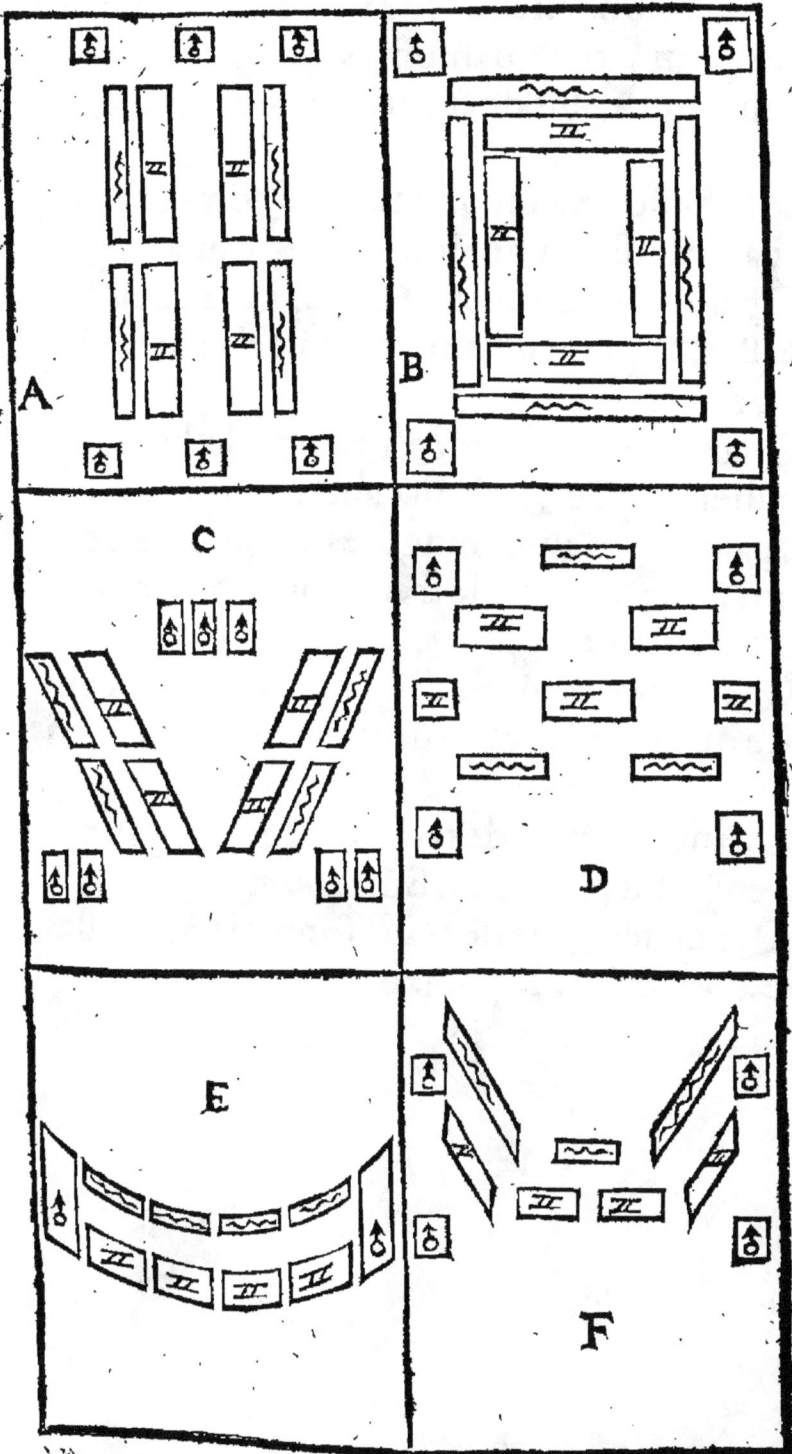

A   B   C   D   E   F   N

Vn bataillon qui a plus de profond que de front s'appelle en Grec Orthion.

Celuy qui a plus de front que de profond, Plagion.

Le bataillon est dit oblique, qui combat l'ennemy par les ailles, vne aisle seruant d'auant-garde.

Quand on commence à ranger la bataille par les ailles, & qu'on finit au milieu, cela s'appelle Parembole.

Quand on commence à ranger la bataille par le milieu & qu'on finit aux aisles, Prostaxis.

Quand apres auoir rangé les picquiers en bataille on range les gens de traict à pied, au deuant d'iceux, Protaxis.

Quand apres auoir rangé les picquiers en bataille on range les gens de traict à pied au derriere d'iceux, Epitaxis.

Quand les gens de traict sont rangez aux espaces entre les picquiers, Entaxis.

Quand les gens de traict sont mis aux aisles de toute l'armée, Hypotaxis.

Des gens de pied pesamment armez, appellez en Grec Oplites.

Nombre d'hommes.	Files.	Noms Grecs des trouppes.	Noms François des trouppes.	Noms Grecs des Chefs.	Noms François dès Chefs.
4.	.	Intergatio.	Vne quaderne.	Intergator.	Quartenier.
8.	.	Dimoeria.	Demy-file.	Dimoerites.	Chef de demy-file.
16.	1.	Lochia.	File.	Lochagos.	Chef de file.
32.	2.	Dicchia.	Scadre.	Dilochites.	Appointé.
64.	4.	Tlarchia.	Vne quadrille.	Tetrarchos.	Caporal.
128.	8.	Taxiarchia.	Vne centaine.	Taxiarchos.	Centenier.
256.	16.	Sintagma vel Xenagia.	Vne Compagnie.	Sintagmarchos.	Capitaine.
512.	32.	Pentacoliarchia.	Deux Compagnies.	Pentacoliarchos.	Ayde de Maistre de Camp.
1024.	64.	Chiliarchia.	Vne brigade.	Chiliarchos.	Chef de Brigade.
2048.	128.	Merarchia vel Telos.	Deux brigades.	Merarchos.	Lieutenant du Maistre de Camp.
4096.	256.	Phalangia.	Vn régiment.	Phalangiarchos.	Maistre de Camp.
8192.	512.	Cornu vel diphalangia.	Vne corne ou aisle.	Diphalangiarchos.	Ayde du Colonel.
16384.	1024.	Tetraphalangia.	La bataille des pesammentarmez.	Tetraphalangiarchos.	Colonel.

Des gens de pied legerement armez, appellez en Grec Pfiles.

Nombre d'hommes.	Files.	Noms Grecs des trouppes.	Noms François des trouppes.	Noms Grecs des Chefs.	Noms François des Chefs.
4.		Dimoeria.	Demy-file.	Dimoerites.	Chef de demy-file.
8.	1.	Lochia.	Vne file.	Lochites.	Chef de file.
16.	2.	Dilochia.	Vne scadre.	Dilochites.	Appointé.
32.	4.	Siltasis.	Vne quadrille.	Siltasiarchos.	Caporal.
64.	8.	Pétacontarchia.	Vne centaine.	Penéaconarchos.	Centenier.
128.	16.	Hecatontarchia.	Vne compagnie.	Hecatontarchos.	Capitaine.
256.	32.	Pfilagia.	Deux compagnies.	Pfilagiarchos.	Ayde du Maistre de Camp.
512.	64.	Xenagia.	Quatre compagnies ou brigade.	Xenagiarchos.	Chef debrigade.
1024.	128.	Syftema.	Huiĉt compagnies ou deux brigades.	Siftemarchos.	Lieutenant du Maistre de Camp.
2048.	256.	Epyxenagia.	Vn regiment.	Epixenagiarchos.	Maistre de Camp.
4096.	512.	Siphos.	Vne corne ou aisle ou pointe.	Sipharchos.	Ayde du Lieutenant Colonel.
8192.	1024.	Epiragma.	La bataille des legerement armez.	Epiragmarchos.	Le Lieutenant Colonel.

De la Caualletie.

Nombre d'hômes.	Noms Grecs des trouppes.	Noms François des trouppes.	Noms Grecs des Chefs.	Noms François des Chefs.
36.	Embolos.	Vne brigade.	Embolarchos.	Lieutenant.
64.	Harchia.	Vne compagnie.	Harchos.	Capitaine.
128.	Epiarchia.	Deux compagnies.	Epyharchos.	Ayde du Maiftre de Camp.
256.	Tarâtinarchia.	Quatre côpagnies.	Tarâtinarchos.	Lieutenant du Maiftre de Camp.
512.	Hypparchia	Vn regiment.	Hypparchos.	Maiftre de Camp.
1024.	Epypparchia.	Deux regimens.	Epypparchos.	Aydé du Colonel.
2048.	Telarchia.	Vne corne.	Tlarchos.	Lieutenât Colonel.
4096.	Egytagma.	Le gros de la Ca-ualleric.	Epitagmar-chos.	Colonel.

DE LA MILICE DES
Romains. Du temps de Polibe.

CHAPITRE XVII.

LEs Romains procedoient en ceste façon au faict de la guerre, ils choisissoiet
d'entre tout le peuple ceux qui estoiét
les plus propres à porter les armes tant
pour l'Infanterie que pour la Cauallerie: Quant à
l'Infanterie les plus pauures & les plus ieunes
d'entr'eux estoient destinez à estre Velites, les autres approchans de ceux-cy pour estre Hastaires,
& ceux qui estoient en la fleur de leur aage pour
estre Princes, & les plus vieux pour Triaires.

Les armes de ces quatre especes de gés estoiet
telles : les Velites portoient vne espée, vn iauelot
(long de trois pieds, espais d'vn pouce de diametre, auec vn fer au bout long d'vn pied) vn rondache (de trois pieds de diametre) & vn heaume de
cuir, quelques vns portoient des fondes, quelques autres des arcs.

Les Hastaires, & les Princes portoient chacun
vne targe (large de deux pieds & demy, longue de
quatre, ou de quatre & vne paume) vne espée
pointuë & tranchante à deux costez fort roide, vn
heaume d'airain auec des crestes & des plumes,
deux pilons de bois, vn menu commé vn dard,

long de trois coudées, ferré au bout, & vn gros
qui auoit vne paume de diametre, long aussi de
trois coudées, au bout duquel ils plantoient vn
fer qui estoit de la longueur du pilon. Lequel en-
troit la moitié dans le bois qu'ils attachoient ferme ensemble, & l'autre moitié sortoit qui alloit en
pointe, & estoit garny autour de plusieurs crochets, ce fer estoit espais ioignant le bois d'vn
pouce & demy.

Les Triaires portoient toutes les mesmes armes
que les Princes, hors-mis des pilons : car au lieu
d'iceux ils portoient des picques, les Hastaires les
souloient porter auparauant, & à cause de cela
estoient ainsi appellez, mais ils les quitterent pour
prendre les pilons.

Les Hastaires, Princes & Triaires portoient vn
escu ou plastron d'airain ou de fer d'vn pied en
quarré, & les plus riches s'armoient d'escailles, ou
de mailles attachées auec des crochets.

En la legion il y auoit quatre mil deux cens
hommes des quatre sortes de soldats susdits, Velites, Hastaires, Princes & Triaires, diuisez en ceste façon : il y auoit six cens Triaires, douze cens
Princes, douze cens Hastaires, & autant de Velites.

Tant les Hastaires, Princes que Triaires estoiét
diuisez chacũ en dix parties, appellez Manipules,
tellement qu'en la legion il y auoit trête Manipules sans conter les Velites: car ils estoient departis
esgalement à chaque Manipule. Les Hastaires
estans douze cens, diuisez en dix Manipules cha-

N iiij

cune, contenoient fix vingts hommes, autant celles des Princes, & foixante celles des Triaires, &
diuifant les douze cens Velites par trente, pour
feruir de tireurs de traict aux fufdits Manipules,
On trouuera que chaque Manipule de Velites
auoit quarante hommes.

Vne Manipule des Haftaires, vne Manipule des
Princes, vne des Triaires auec les Velites, faifoit
vne cohorte: partant il y auoit dix cohortes à la legion & fix Manipules à la cohorte, à fçauoir vne
d'Haftaires, vne de Princes, vne de Triaires, &
trois de Velites.

Les Velites combattoient fans tenir rang ny ordre, & c'eftoit à eux à commencer l'efcarmouche
& la bataille, mais les Haftaires, Princes, & Triaires, eftoient rangez en Manipules. Toutes les Manipules des Haftaires eftoient d'vn front, toutes
celles des Princes auffi, au derriere de celles des
Haftaires, & celles des Triaires de mefme au derriere de celles des Princes. La diftance des Manipules eft telle qu'vne Manipule fe doit pouuoir
placer entre deux, pour ce que fi les Haftaires
font defconfits ils fe doiuent retirer aux efpaces
qui font entre les Manipules des Princes, & combattre par enfemble, que fi eux tous Haftaires &
Princes eftoient rompus, ils fe doiuent retirer aux
efpaces entre les Manipules des Triaires, & combattre derechef par enfemble tant les Haftaires,
les Princes, que les Triaires.

Figure d'vne legion en bataille.

BB. *Sont les* Manipules des Haſtaires. CC. *Celles des* Princes. DD. *Celles des* Triaires. Les *poinčts qui ſont autour des* Manipules*, repreſen- tent les* Velites.

Il y auoit ſur chaque Manipule deux Chefs ap- pellez Centeniers; vn premier, & vn ſecõd: quand tous les deux eſtoient auec leur Manipule, le pre- mier commandoit la moitié de la main droite, & l'autre la moitié de la main gauche, & ſi l'vn eſtoit abſent, celuy qui reſtoit commandoit à tout: en chaque Manipule il y auoit deux Enſeignes, vne ſoubs chaque Centenier, & deux Sergens, chaque dix hommes auoient auſſi vn Chef appelié Decu- rion ou Chef de chambre, & ſur toute la legion il y auoit ſix Tribuns ou Chefs Generaux.

Chaque legion auoit trois cens cheuaux diui- ſez en dix Cornettes appellez Turmes, chacune deſquelles auoit trente hommes, trois deſquels eſtoient Dixeniers ou Chefs de file, & trois ſerre

files ou sous-Dixeniers : le premier Chef de file
appellé Prefect commandoit la trouppe, en son
absence le second, & apres luy le troisiesme : en
chaque Turme il y auoit vne Enseigne.

Trois Turmes en vne compagnie.

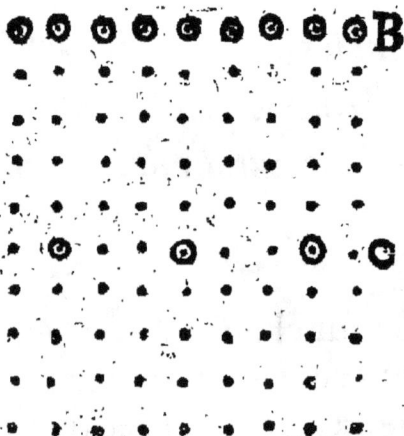

B. *Les Chefs de file.*
C. *Les trois Enseignes.*
Les Romains se seruoient de leurs Alliez à faire
la guerre, & auoient pareil nombre de gens de
pied Alliez qu'ils auoient de citoyens Romains
& les legions estoient toutes pareilles de forme
d'armes & de nombre d'hommes : mais quant à la
Cauallerie celles des Alliez estoiét double à celle
des Romains : il est vray que sur l'Infanterie ils
prenoient la cinquiesme partie, & sur la Caualle

rie, la troisiesme pour extraordinaires , & le reste
des pietons ils le diuisoient en deux parties esgales qu'ils mettoient sur les aisles de l'armée , & appelloient ceux de la main droite la corne dextre,
& ceux de la main gauche la corne gauche, tellement que quand les legions Romaines estoient
de quatre mil deux cens hommes , les cornes des
Alliez estoient de trois mil trois cens soixante , &
les Manipules des Hastaires & Princes, chacune
de quatre vingts douze , des Triaires soixante , &
des Velites trente,& la trouppe des extraordinaires des gens de pied de chaque corne estoit de
huict cens quarante hommes : la Cauallerie des
Alliez sur chacune de leurs legions estoit de six
cens cheuaux (double aux Romains) de cela ils en
prenoient le tiers, à sçauoir deux cens pour extraordinaires,& diuisoient les quatre cens restans en
dix Turmes, chacune de quarante hommes , sur
lesquelles il y auoit vne Enseigne,vn Prefect,trois
Dixeniers,& trois soubs-Dixeniers,ou serre files,
comme aux Romains ces extraordinaires estoiét
esleus pour seruir de gardes aux Consuls & de
trouppes de reserue aux combats.

Quand quatre legions estoient rangées en bataille toute la Cauallerie Romaine estoit à la main
droite,celle des Alliez à la main gauche, & la Cauallerie extraordinaire des Alliez estoit placée à
la main droite de la Cauallerie Romaine , & l'Infanterie extraordinaire des Alliez estoit rangée
entre les legions , & les cornes au droict des Triaires.

Quatre legions rangées en bataille par Manipules.

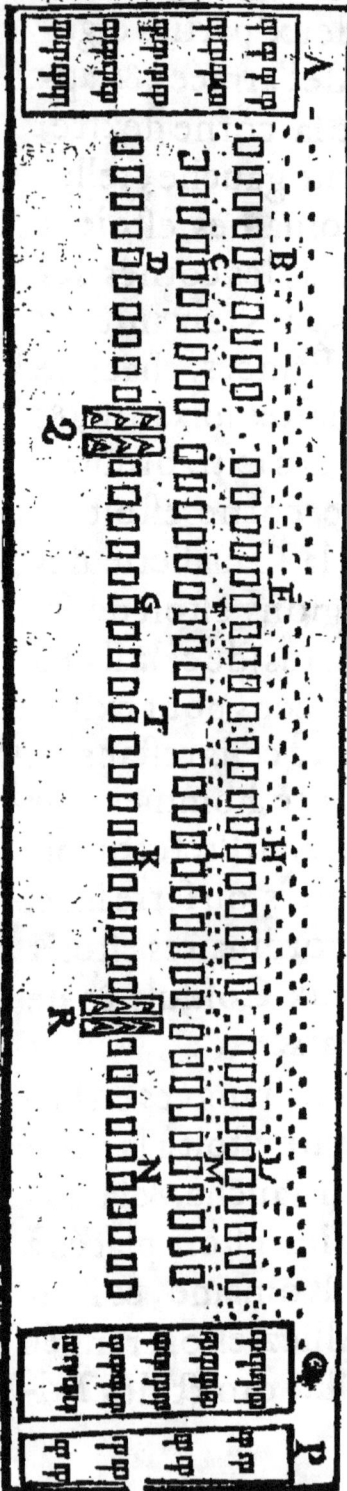

A. La Cauallerie des deux cornes des Alliez.

H. I. K. Les Hastaires, Princes & Triaires de la premiere legion Romaine.

E. F. G. Les Hastaires, Princes & Triaires de la seconde legion Romaine.

L. M. N. Les Hastaires, Princes & Triaires de la corne droicte des Alliez.

B. C. D. Les Hastaires, Princes & Triaires de la corne gauche des Alliez.

Q. Les deux cohortes extraordinaires de la corne gauche des Alliez.

R. Les deux cohortes extraordinaires de la corne droicte des Alliez.

T. L'Empereur. N. Le Legat de la corne droicte.

D. Le Legat de la corne gauche.

O. *La Caüallerie des deux legions Romaines.*
P. *La Caüallerie extraordinaire des Alliez.*

Quand la legion eſtoit de plus ou moins de quatre mil hommes, elle eſtoit diuiſée ſelon la proportion ſuſditte: comme quand la legion eſtoit de
cinq mil cent hommes, les Velites, Haſtaires, &
Princes eſtoient mil cinq cens chacun, & les Manipules des Haſtaires & Princes de cent cinquante: quant aux Triaires ils n'augmentoient ny di-
minuoient iamais de ſix cens, ny leurs Manipules
de ſoixante, & les Manipules des Velites eſtoient
chacune de cinquante hommes.

Les legions ont eſté ſouuent augmentées, car
du temps de Romulus elles eſtoient de trois mil
hommes de pied, & trois cens cheuaux: du temps
de Camille de quatre mil hommes de pied, & trois
cens cheuaux, du temps de Ceſar de cinq mil
hommes de pied & ſix cens cheuaux: & du temps
que les Sabins ſe ioignirent auec les Romains elle
eſtoit de ſix mil hommes de pied & ſix cens cheuaux.

Quand l'armée eſtoit ainſi forte les legions
eſtoient rangées en bataille par cohortes, & non
pas par Manipules. Comme quand Ceſar com-
battit contre Afranius, il mit en chaque legion
quatre cohortes aux Haſtaires, trois aux Princes,
& trois aux Triaires les Velites eſtoient par le milieu de l'armée, & la Caüallerie ceignoit les coſtez.

Cinq legions rangées en bataille par cohortes.

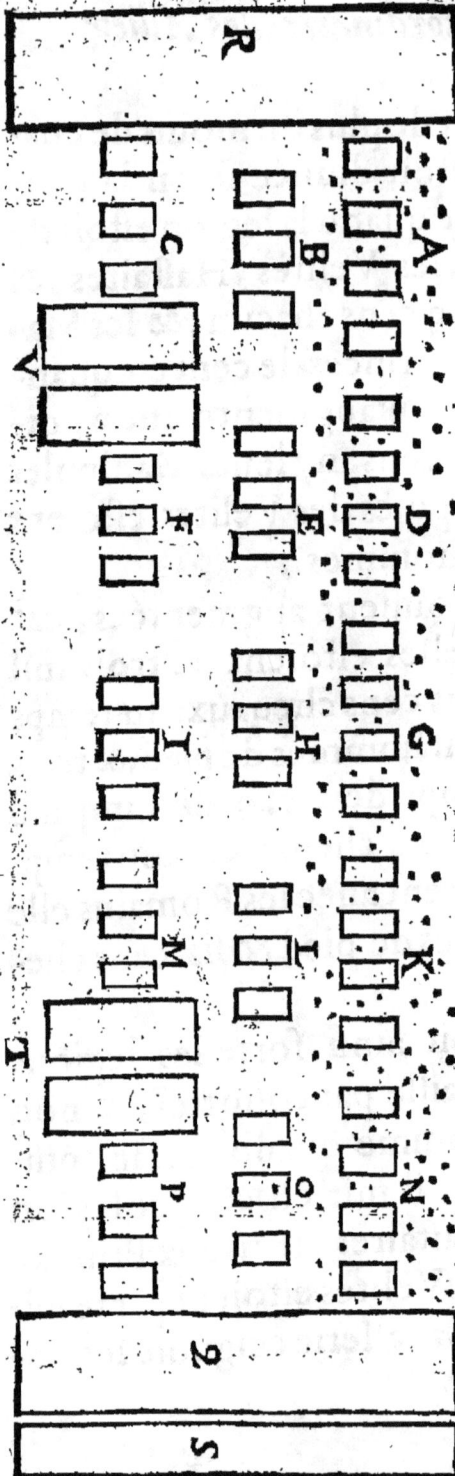

A. B. C. Dix cohortes d'vne legion.

D. E. F. Autres dix cohortes d'vne autre legion.

G H I. K L M. N O P. Sont trois autres legions diuisées chacune en dix cohortes.

R. La Cauallerie des Alliez.

Q. Celle des Romains.

S. La Cauallerie extraordinaire des Alliez.

T. V. Les cohortes extraordinaires des Alliez.

Quant à leur façon de camper elle eſtoit touſiours telle que monſtre ce logis de deux legions
Romaines, que ſi l'armée eſtoit plus grande ils
allongeoient le camp à dextre & à ſeneſtre. S'il y
auoit deux armées enſemble, c'eſtoit deux camps
pareils & ſemblables qu'ils ioignoient du coſté de
la porte Pretoriane.

Logis de quatre legions Romaines.

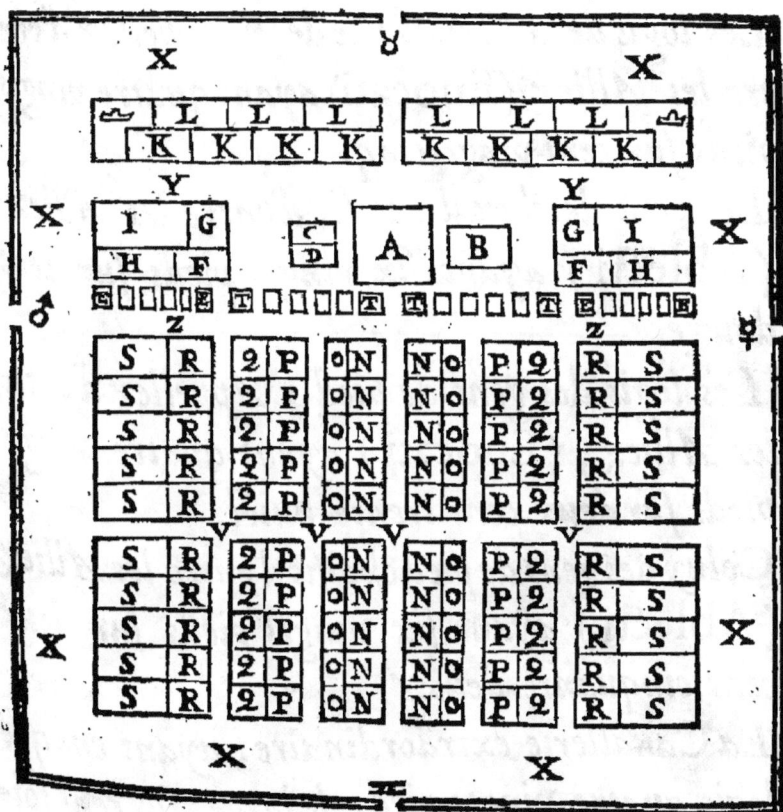

A. Le Pretoire qui a deux cens pieds en quarré.
B. La Threſorerie longue de deux cens pieds, &
large de cent.

C. D. *Les logis des deux Legats, chacun defquels*
a cinquante pieds de large & cent de long.

E. *Les Prefects fur les Alliez. Leurs logis font*
quarrez, ayant chacun cinquante pieds de face.
Il y a douze tantes de Prefects.

T. *Les Tribuns des deux legions Romaines. Leurs*
logis font quarrez, ayant chacun cinquäte pieds
de face. Il y a douze tantes de Tribuns.

F. *Les logis de la Cauallerie des r'Appellez d'en-*
tre les Alliez, (Euocati) ayant quatre vingts
pieds fur cent vingt-cinq.

G. *Les gens de cheual choifis d'entre les Alliez,*
(Ablecti) ayant fix vingts pieds fur cent
douze.

H. *Les logis des gens de pied r'Appellez d'entre*
les Alliez, (Euocati) ayant quatre vingts
pieds fur deux cens trente-huict.

I. *Celuy des gens de pied choifis d'entre les Alliez*
(Ablecti) ayant fix vingts pieds fur deux
cens cinquante-deux.

K. *La Cauallerie extraordinaire, ayant chaque*
logis quatre vingts pieds de large, fur cent foi-
xante-fept de long.

L. *Les gens de pied extraordinaires, ayans foixan-*
te & dix pieds, fur deux cens, chacun logis.

N. Les

N. *Les logis de vingt Turmes, de la Cauallerie Romaine, ayant chacun logis cent pieds en quarré.*

O. *Les Triaires des legions Romaines, le logis de chaque Manipule a cent pieds de front, & cinquante de large.*

P. *Les Princes des legions Romaines, le logis de chaque Manipule est de cent pieds en quarré.*

Q. *Les Hastaires des legiõs Romaines, le logis de chaque Manipule est de cent pieds en quarré.*

R. *La Cauallerie des Alliez, les logis des Turmes est de cent trente-quatre pieds de long, & cent de large.*

S. *Toute l'Infanterie des legions des Alliez, chaque cohorte ayant cent pieds de front & deux cens de long.*

V. *Les ruës, ayant cinquante pieds de large.*

X. *La place d'armes large de deux cens pieds.*

Y. Z. *Deux ruës de cent pieds de large chacune.*

♉. *La porte Pretoriane.*

♀. *La porte dextre.*

♂. *La porte gauche.*

♄. *La porte Decumane.*

♎. *Places vuides, reseruées pour loger les suruenans.*

O

LA MANIERE DE FORMER
toutes sortes de bataillons.

CHAPITRE XVIII.

RDINAIREMENT on fait de cinq sortes de bataillōs, à sçauoir quarrées d'hommes, quarrez de terrain, doublez : Quãd le front est au fond selon quelque proportion donnée, & de grand front.

L'espace que chaque soldat occupe marchant en bataille est de 3. pieds en front & 7. en fonds.

Pour faire vn bataillon quarré d'hommes.

Soiēt donnez cent hómes, prenez la racine quarrée de cent donnera dix, qui est le nombre d'hommes qu'il faut mettre en front & aussi en fonds.

Bataillon quarré d'hommes.

10

10

100

Pour faire vn bataillon quarré de terrain.

Soient dónez cent & cinq hómes, multipliez les par trois (qui eſt l'eſpace que chacun occupe en front) feront trois cens quinze, diuiſez ce nombre par ſept (qui eſt l'eſpace que chacun occupe en fonds) dounera quarante cinq, prenez la racine quarrée plus proche de ce nombre, qui eſt ſept, & c'eſt le nombre d'hommes qu'il faut mettre en file : diuiſez apres les cent cinq hommes donnez, par ſept, donneront quinze, & c'eſt le nombre d'hommes qu'il faut mettre en front. Tellement que ce bataillon a pour chaque ſept hommes de front trois en frons.

Bataillon quarré de terrain.

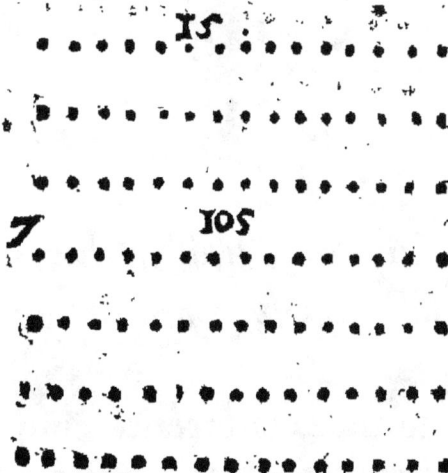

Pour faire vn bataillon doublé, c'eſt à dire, qui a deux fois autant d'hommes au front qu'au fonds.

Soient donnez quatre vingts dix-huict hommes, doublez ce nombre (ſerót cent quatre vingts
ſeize) prenez la racine quarrée de ce nombre, qui
eſt quatorze, & c'eſt le nombre d'hommes qu'il
faut mettre en front, & ſa moitié qui eſt ſept, ſe
doit mettre en fonds.

Bataillon doublé.

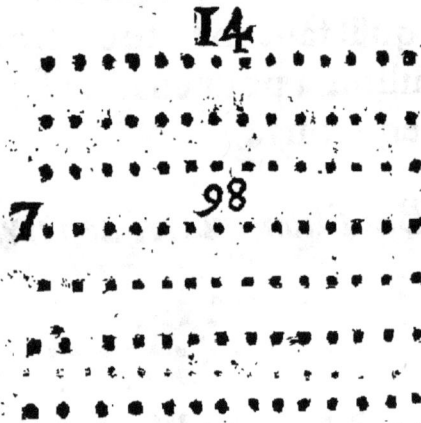

14

7   **98**

Pour faire vn bataillon duquel le front ſoit
au fonds ſelon quelque proportion donnée.

Soient donnez cent trente cinq hommes pour
ranger en bataillon en telle raiſon que pour chaſ-
que cinq qu'il y en aura de frót, qu'il y en ait trois
en fonds, c'eſt à dire que la raiſon des coſtez ſoit
entr'eux comme eſt la raiſon de trois à cinq.

Diuisez cent trente & cinq, par cinq, & multipliez le produit par trois, & du nombre qu'il pro-
duira prendrez la racine quarrée, qui sera neuf,
pour le fonds du bataillon, & pour sçauoir le
front diuisez cent trente-cinq par trois, & multipliez le produit par cinq, & du nombre qu'il pro-
duira prenez la racine quarrée, qui est quinze.

*Bataillon duquel la raison des costez est entr'eux
comme la raison de trois à cinq.*

Pour faire vn bataillon de grand front.

Soient donnez deux cens dix hommes desquels
on vueille faire vn bataillon qui ait trente hommes de front, pour sçauoir combien il aura de

fonds il faut diuiſer deux cens dix par trente don
nera ſept. Pour trouuer le front par le fonds il
faut diuiſer deux cens dix par ſept.

Bataillon de grand front.

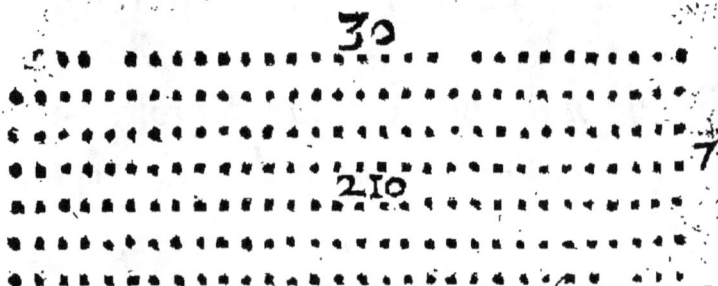

30

7

210

Les bataillons quarrez d'hommes ou de terrain
ſont foibles de front, & ceux de grand front ſont
foibles de fonds. Les Eſpagnols ſe ſeruent le plus
ſouuent des bataillons doublez, & les Hollandois de longs, car ils ne font leurs files que de dix
hommes.

Pour trouuer la racine quarrée iuſques au nombre de 496.

Pour trouuer la racine quarrée d'vn nombre
comme s'il falloit faire vn bataillon quarré de
1600. hommes, cherchez en la table ſuiuante en
la colomne des quarrez 1600. & trouuerez à ſon
coſté en la colomne des racines 40. pour racine
ou nombre des hommes qu'il faut mettre à chaque face de bataillon.

Table pour trouuer la racine quarrée iusques au nombre de 4096.

Quarrez.	Racines.	Quarrez.	Racines.	Quarrez.	Racines.
4.	2.	529.	23.	1936.	44.
9.	3.	576.	24.	2025.	45.
16.	4.	625.	25.	2116.	46.
25.	5.	676.	26.	2209.	47.
36.	6.	729.	27.	2304.	48.
49.	7.	784.	28.	2401.	49.
64.	8.	841.	29.	2500.	50.
81.	9.	900.	30.	2601.	51.
100.	10.	961.	31.	2704.	52.
121.	11.	1024.	32.	2809.	53.
144.	12.	1084.	33.	2916.	54.
169.	13.	1156.	34.	3025.	55.
196.	14.	1225.	35.	3136.	56.
225.	15.	1296.	36.	3249.	57.
256.	16.	1369.	37.	3364.	58.
289.	17.	1444.	38.	3481.	59.
324.	18.	1521.	39.	3600.	60.
361.	19.	1600.	40.	3721.	61.
400.	20.	1681.	41.	3844.	62.
441.	21.	1764.	42.	3969.	63.
484.	22.	1849.	43.	4096.	64.

FIN.

Extraict du Priuilege du Roy.

PAr grace & priuilege du Roy il est permis au Sr DE PRAISSAC de faire imprimer par tel Imprimeur que bon luy semblera vn liure intitulé, *Les Discours Militaires*, ensemble *Les Questions Militaires, Briefue methode*, & quelques *Epistres*, qu'il a faicts & composez, & sont faites inhibitions & deffences à toutes personnes de les imprimer ou faire imprimer, vendre ou distribuer lesdits liures ensemblement ou separement durant le terme de dix ans à compter du iour qu'ils seront acheuez d'imprimer, Voulons que ledit Priuilege soit tenu pour bien & deuëment signifié, en mettant vn extraict au commencement ou à la fin dudit liure, comme plus à plein est declaré ausdites lettres patentes de permission. Données à Paris le seiziesme iour de Iuin 1614.

Signé par le Roy en son Conseil.

RENOVARD.

LEdit Sr DE PRAISSAC a choisy & esleu *La vefue Matthieu Guillemot & Samuel Thiboust* Libraires à Paris, pour imprimer ou faire imprimer & vendre son Liure intitulé *Les Discours Militaires, dediez à sa Majesté*, auec *Les Questions Militaires, Briefue methode*, & des *Epistres* ou *Lettres missiues*, & sont faictes deffences à tous autres de les imprimer ny vendre d'autres que de ceux desdits vefue Guillemot & Thiboust, leur ayant transporté son priuilege suiuant sa forme & teneur, passé par deuant les Notaires soubs signez, le 18. Iuin. 1614.

FARDEAV.

MANCHON.

Acheué d'imprimer le quinziesme Iuillet 1614.

www.ingramcontent.com/pod-product-compliance
Lightning Source LLC
Chambersburg PA
CBHW061018280326
41935CB00009B/1017